Heike Kügler-Anger

Vive la Provence!

Heike Kügler-Anger

Vive la Provence!
Vegan genießen auf südfranzösische Art

À mon compagnon de longue date.

Inhalt

Frankreich – mon amour

Glauben Sie, liebe Leserin und lieber Leser, an Liebe auf den ersten Blick? Mir wurde dieses große Glück, dieser *Coup de foudre,* wie die Franzosen sagen, gleich zweimal zuteil. Das eine Mal fand am Jahreswechsel 1980/1981 statt. Mir liefen dicke Tränen von den Wangen und jemand reichte mir ein Taschentuch. Diese Szene wirkt weniger kitschig, wenn Sie, liebe Leserin und lieber Leser, erfahren, dass die Tränen nicht von tiefstem Kummer, sondern von fünf Kilogramm Zwiebeln herrührten, die ich für einen gigantischen Zwiebelkuchen in der Küche der Studentengemeinschaft zu zerkleinern hatte. Derjenige, der mir so liebenswürdig ein Taschentuch reichte, übernachtete neun Monate später mit mir in einem kleinen Wohnwagen, den wir spät nachts in einer Seitenstraße eines französischen Dorfes irgendwo zwischen Bielefeld und Bordeaux abgestellt hatten. Als ich am nächsten Morgen die Wohnwagentür öffnete, strahlte die Sonne, wie sie es in Bielefeld leider nur selten tut, von einem blitzeblauen Himmel. Der Geruch von frisch aufgebrühtem Kaffee, von gerade aus dem Ofen geholten Baguettes, von reifen Trauben und vielerlei Gewürzen stieg mir in die Nase. Verwundert und noch ein wenig schlaftrunken stieg ich aus dem Wohnwagen und fand mich am Rande eines Wochenmarktes wieder, auf dem die Händler gerade ihre Stände aufgebaut hatten. Wie in Trance ging ich durch die Reihen, sah erntefrisches Obst und Gemüse in allen Regenbogenfarben, schnupperte an den in hölzernen Kästchen ausgestellten Gewürzen, staunte über die Fässchen mit eingelegten Oliven, Zucchini und Paprikaschoten und konnte mich nicht entscheiden, was ich zuerst kosten wollte. Nach einem ausgiebigen Frühstück zogen wir unter dem freundlichen Winken der Markthändler weiter. In jenem September war die Küste von Aquitanien, die Region zwischen der Mündung der *Gironde* und der Stadt Biarritz, unser Ziel.

Inzwischen habe ich alle Küsten dieses von mir heiß geliebten Landes kennengelernt. Bin von Ost nach West, von Norden nach Süden gereist, stundenlang mit der Metro in Paris gefahren, verharrte ehrfürchtig in der Kathedrale von Reims und bestaunte das größte Gezeitenkraftwerk der Welt bei Saint-Malo. Ich verfuhr mich in Landstrichen, die abseits der üblichen Touristenpfade liegen, und verweilte dort, weil mich ihr stiller Zauber einnahm. Manche Orte und Landschaften konnte ich nur einmal auf mich wirken lassen, in andere zieht es mich immer wieder.

Eine Region, von der ich nicht lassen kann, ist die Provence. Dieser von unvergleichlichem Licht und typischen Farben durchflutete Landstrich lockt mich zu jeder Jahreszeit:

Ende März schwelgte ich auf Wanderwegen rund um den *Montagne Sainte-Victoire* wie einst der Maler Paul Cézanne in bunten Blütenträumen. In lauen Mainächten bestaunte ich, mit einem Glas Rosé in der Hand, den Sternenhimmel über Bonnieux. Anfang Juli streifte ich durch Olivenhaine der Haute Provence und lauschte dem Gesang der Zikaden, dem Wappentier der Provence. Ende September, wenn sich das Laub der Rebstöcke rotgolden färbt, lässt es sich immer noch gut in einem von Platanen beschatteten Café aushalten. Selbst Anfang November schlenderte ich noch ohne Winterjacke, lediglich im leichten Pulli, durch die Gassen von Les Saintes-Maries-de-la-Mer und freute mich auf ein Abendessen mit den letzten Tomaten der Saison, die ich am Morgen auf dem Markt in Arles erworben hatte. Ich ahnte nicht, dass in der Nacht das Wetter umschlagen und der Mistral vom Rhônetal herabfegen sollte. Aber auch das tat meinen Urlaubsfreuden keinen Abbruch, weil man mir in einem kleinen Restaurant am Fuße des mächtigen Berges *Mont Ventoux* ein üppiges *Cassoulet,* einen mit reichlich Rotwein und den typischen Kräutern der Provence verfeinerten Bohneneintopf, servierte.

Ja, in der Provence lässt es sich wunderbar reisen – und speisen. In dem warmen, sonnigen Klima und auf den fruchtbaren Böden der Ebene gedeihen Kräuter, Hülsenfrüchte, Gemüsearten und Obst jeder Couleur, aus denen, von der Vorspeise bis zum Dessert, köstliche kulinarische Kreationen entstehen. Mandel-, Zitronen- und Orangenbäume überziehen die Region im Frühjahr mit einem Blütenmeer und laden zur Erntezeit zu fruchtigem Genuss ein. In den Olivenhainen reifen bis Januar die Oliven, die in den Ölmühlen zum »flüssigen Gold« der Provence gepresst werden und den provenzalischen Speisen ihr typisches Aroma verleihen. Über all dem liegt ein leichter Hauch von Knoblauch, der neben Wein und Öl zum Lebenselixier der Provence gehört.

Mit diesem Buch möchte ich Sie, liebe Leserin und lieber Leser, zu einer kulinarischen Reise durch die Provence verführen. Lernen Sie die typischen provenzalischen Speisen kennen, von *Aïoli* und Auberginenkaviar über *Fougasse* und Gemüse-Bouillabaisse sowie *Panisses, Socca* und *Tapenade* bis hin zum köstlichen Zwiebelkuchen aus Nizza. Lassen Sie sich mit feinen Vorspeisen und Salaten, mit herzhaften Suppen und Eintöpfen, leckeren Hauptgerichten aus vielen unterschiedlichen Gemüsearten, mit knusprig überbackenen Aufläufen, würzigen Tartes und Quiches, selbst gebackenen Brotspezialitäten, mit bodenständigen oder raffinierten Beilagen und mit fruchtig süßen Desserts aus der Sonnenküche Frankreichs verwöhnen. Es sei Ihnen dabei versichert, dass all die Genüsse rein pflanzlich sind und sogar ganz ohne Sojaprodukte auskommen.

Vielleicht ergeht es Ihnen ja wie mir und Sie erleben eine Liebe auf den ersten Blick beziehungsweise auf den ersten Biss?

Ich würde mich freuen, wenn Sie demnächst eine große Leidenschaft mit mir teilen.

Bon Appétit wünscht Ihnen

Ihre

Die Provence
Eine Region mit vielen Facetten

Auch wenn Tausende Urlauber jedes Jahr »in die Provence« fahren, gibt es »die« Provence im streng geografischen Sinne nicht. »Provence« nennt sich eine riesige Region im Südosten Frankreichs, deren geografische Grenzen die Mittelmeerküste zwischen Nizza und Marseille im Süden, die italienische Grenze im Osten, die Gipfel der Rhône-Alpes im Norden und das Mündungsdelta der Rhône im Westen bilden.

Als man 1956 das gesamte französische Festland aus Verwaltungsgründen in 22 Regionen unterteilte, wurde die Region Provence-Alpes-Côte d'Azur (kurz PACA) eine dieser Regionen. Sie umfasst fast fünf Prozent der Gesamtfläche Frankreichs und schließt die Départements (Regierungsbezirke) Alpes-de-Haute-Provence, Alpes-Maritimes, Bouches-du-Rhône, Hautes-Alpes, Var und Vaucluse ein. Der Verwaltungssitz der Region PACA ist Marseille. Jedes Département wird nicht nur durch die geografische Lage, sondern auch durch seine ganz eigene Geschichte und Traditionen geprägt.

Das immer noch am dünnsten besiedelte Département der Region ist Alpes-de-Haute-Provence. Dort präsentiert sich die Landschaft karg und rau, mitunter auch wild dramatisch. Die teilweise weit verstreuten Dörfer sind eher schlicht und Zeugen eines harten wie arbeitsreichen Lebens im ständigen Kampf mit den Elementen. Alte Traditionen wie die *Transhumance,* der Almauftrieb und Almabtrieb der Schafe, bestimmten früher das Leben im Wechsel der Jahreszeiten und werden heute noch gepflegt. Im Norden und Osten wird das Département durch alpines Gebirge geprägt. Dazwischen gibt es bizarre Felsformationen und schwindelerregende Schluchten. Eine der spektakulärsten Schluchten nicht nur der Provence, sondern ganz Europas ist die bis zu 700 Meter tiefe und 21 Kilometer lange *Gorges du Verdon,* durch die der türkis schimmernde Fluss *Verdon* fließt. Nicht weit von den Schluchten des *Verdon* entfernt befindet sich auf 500 Meter Höhe die Hochebene von Valensole, die von etwa Mitte Juni bis Mitte Juli im schönsten Lavendelviolett erstrahlt und das flächenmäßig größte Lavendelproduktionsgebiet der Provence ist. Mit zahlreichen Festlichkeiten wie einem Lavendelfest, einem Lavendelkorso und einer Lavendelmesse ehrt man das hübsche und aromatische Kraut, das sich zu einem wichtigen Wirtschaftsfaktor der Provence entwickelt hat. Zwischen den Lavendelfeldern liegen verstreut Felder mit Hartweizen, die den Hartweizengrieß für schmackhafte Nudeln liefern, die man dort, nahe der italienischen Grenze, oft auftischt.

Wer noch höher hinauf und gleichzeitig ein anderes Département der Provence kennenlernen möchte, dem sei der Nationalpark *Mercantour* empfohlen. Die geschützte Kernzone erstreckt sich über 68 500 Hektar auf dem Gebiet der Alpes-de-Haute-Provence und der Alpes-Maritim. Dort lässt sich mit Blick auf sieben Berggipfel, die 3000 Meter Höhe überschreiten, eine einzigartige Alpenflora und -fauna entdecken. Wenn man Glück hat, kann man Gämsen, Alpensteinböcke, Europäische Mufflons, Murmeltiere sowie Auerhähne, Bartgeier und Steinadler beobachten. Im Osten des Nationalparks liegt der von den Einheimischen als heiliger Berg verehrte *Mont Bégo*. Angrenzend an den *Mont Bégo* findet man in zwei Tälern, dem *Vallée des Merveilles* (Tal der Wunder) und dem *Vallée de Fontanalbe* (Tal der weißen Quelle) in Höhen von bis zu 2600 Metern über 35 000 Felszeichnungen aus der Bronzezeit.

Nur 70 Kilometer weiter südlich präsentiert sich das Département Alpes-Maritim an der Küste ganz anders. An der windgeschützten *Baie des Anges,* der Engelsbucht, liegt Nizza, die Hauptstadt des Départements. Schon die Römer waren vom milden, fast frostfreien Klima und dem malerischen Ambiente der Bucht angetan und gründeten an der Stelle des heutigen Nizza die wohlhabende Stadt Cemenelum, die zur ihrer Blütezeit mehr als 20 000 Einwohner zählte. Heute locken das mediterrane Flair, die berühmte Flanierpromenade *Promenade des Anglais,* die pittoreske Altstadt, der farbenprächtige Blumen- und Trödelmarkt sowie der Karneval von Nizza jedes Jahr Tausende von Touristen. Diese lassen es sich natürlich nicht nehmen, in den zahlreichen Restaurants die Spezialitäten der Region zu kosten. Viele der typischen Speisen werden mit dem hochwertigen Olivenöl verfeinert, das von mehr als 2000 Olivenbauern in der Gegend von Nizza, Grasse, Menton und Vence produziert wird. Mehr Informationen zu provenzalischen Olivenölen finden Sie ab Seite 16.

Fährt man auf der Küstenstraße weiter in Richtung Westen und biegt in Cannes, der Stadt der alljährlich im Mai veranstalteten Filmfestspiele, wieder nach Norden ab, kommt man nach Grasse. Dort verstand man sich schon im Mittelalter darauf, Duftstoffe aus Blütenextrakten zu gewinnen. Was damals für die Stadt Grasse nicht mehr als ein Nebenerwerb war, hat sich im Laufe der Jahrhunderte zu einer florierenden Parfümindustrie entwickelt. Heute gilt Grasse als Welthauptstadt des Parfüms.

Zurück an der *Côte d'Azur,* der französischen Riviera, beginnt ein paar Kilometer westlich von Cannes das Département Var, das mit seinen mehr als 430 Kilometer Küste, an der sich felsige Kaps und wilde Buchten mit feinen Sandstränden abwechseln, zur beliebtesten Urlaubsregion Frankreichs zählt. Wer neben dem mediterranen Klima auch Trubel und ein wenig internatio-

nalen Jetset sucht, ist in der kosmopolitischen Großstadt Toulon und natürlich in Saint-Tropez, dem ehemaligen armen Fischerdorf, in dessen Hafen nun
die teuersten Jachten nicht nur Südfrankreichs, sondern mitunter der ganzen
Welt festmachen, gut aufgehoben.

Von Saint-Raphaël bis nach Hyères erstreckt sich das dicht bewaldete *Mas-
sif des Maures* (Maurengebirge), an dessen südlicher Grenze sich die sehr
kurvenreiche Panoramastraße *Corniches des Maures* entlangschlängelt und
spektakuläre Ausblicke auf das Meer bietet. In den Wäldern des Maurengebirges wachsen Korkeichen, See-Kiefern und Kastanienbäume. Aus den Früchten
Letzterer, den Maronen, werden dort vielfältige Spezialitäten wie die Auber-
ginen-Maronen-Pastete von Seite 52, Maronenkonfitüre und kandierte Maronen zubereitet. Das Fest der Kastanie findet jährlich im Oktober statt.

An die Hügel des Maurengebirges grenzt das flächenmäßig größte Wein-
baugebiet der Provence, die seit 1977 mit dem Status einer *Appellation d'Origine Contrôlée (AOC)* ausgezeichneten Côtes de Provence an. Dort werden
überwiegend leichte, süffige Roséweine hergestellt, die gut gekühlt getrunken
werden sollten und bestens mit leichten, mediterranen Sommerspeisen har-
monieren. Rund um den zwischen Toulon und Marseille gelegenen Badeort
Bandol werden ebenfalls Weintrauben für Roséweine und Weißweine (ebenfalls mit AOC-Status) sowie für einen sehr kräftigen Rotwein angebaut. Neben
Wein werden im Département Var weitere Obstarten und Gemüse, vor allem
Oliven und Feigen, kultiviert. Die samtig süßen Früchte werden zu Konfitüre
verarbeitet oder getrocknet, munden aber auch als Vorspeise (ein Rezept dafür
finden Sie auf Seite 48) und natürlich als köstliches Dessert wie der Feigenauflauf mit Rosmarin (Rezept siehe Seite 138).

Marseille oder Massalia, der am *Golfe du Lion* gelegene, einstige antike
Handelsstützpunkt griechischer Seefahrer aus Phokäa, ist heute die Hauptstadt des Départements Bouches-du-Rhône. Sie kann sich rühmen, nach Paris
die zweitgrößte Stadt Frankreichs und die wichtigste französische Hafenstadt
zu sein. Da große Teile der Stadt im Zweiten Weltkrieg zerstört wurden und
die heutige Millionenmetropole sehr modern geprägt ist, zählt sie nicht un-
bedingt zu den populärsten Touristenattraktionen der Provence. Sehenswert
sind dennoch die auf einem Kalkfelsen südlich des Stadtkerns thronende Kir-
che *Notre-Dame-de-la-Garde,* der alte Hafen, von dem kleine Ausflugsschiffe
zu den vorgelagerten Inseln *(Îles du Frioul)* und zum *Château d'If* fahren, und
das mit steilen Treppen, winkligen Gassen und schmalen, hohen Häusern ver-
sehene Viertel Le Panier. Dort befindet sich die Bäckerei *Le Four de Navettes,*
in der seit 1781 nach einer geheimen Rezeptur ein feines, längliches Gebäck
mit dem Aroma von Orangenblüten gebacken wird. Die *Navettes* erinnern in

der Form an das Boot, mit dem der Legende nach Maria Magdalena einst die Küste der Provence erreichte. Sie werden traditionell zum Fest der Lichtmess aufgetischt. Eine weitere Spezialität der Stadt ist die *Bouillabaisse,* eine reichhaltige, mit Gemüse und Safran angereicherte Fischsuppe. Dass die *Bouillabaisse* auch ganz ohne Fisch köstlich schmecken kann, zeigt das Rezept auf Seite 64.

Ebenfalls flüssig, aber hochprozentig, präsentiert sich eine weitere Marseiller Spezialität. Aus Sternanis, Süßholzextrakten sowie verschiedenen Kräutern wird in einer Rezeptur, die die Erfinder und Produzenten seit jeher geheim halten, der *Pastis de Marseille* hergestellt. Dieser aromatische Anisschnaps wird mit sehr kaltem Wasser verdünnt (fünf bis sechs Teile Wasser auf einen Teil Pastis) und zum Aperitif gereicht.

Von Marseille bis fast über das ganze Mündungsdelta der Rhône erstreckt sich das Département Bouches-du-Rhône. Kaum ein anderer Teil der Provence bietet so viele unterschiedliche Impressionen wie dieser: Karge, mitunter einsame Landschaften, die im Wechsel gnadenloser Sonnenhitze und den Stürmen des Mistrals ausgesetzt sind, treffen auf Orte und Stätten mit reichem historischen, religiösen und architektonischen Erbe. Fruchtbare Ebenen fallen zu einer abwechslungsreichen, mitunter dramatischen Küste ab. Für viele Touristen wie auch Einheimische verblassen all diese geografischen wie kulturellen Besonderheiten jedoch angesichts der betörend schönen, teilweise archaisch und geheimnisvoll anmutenden Sumpflandschaft der *Camargue.* Die *Camargue* wird durch die Mündungsarme der *Grand Rhône* bei Port-Saint-Louis-du-Rhône und der *Petite Rhône* westlich des Wallfahrtsortes Les Saintes-Maries-de-la-Mer begrenzt. Dem Frankreichurlauber präsentiert sich die *Camargue* vor allem als ein faszinierendes Naturschutzgebiet, in dem die wild lebenden weißen Camargue-Pferde Seite an Seite mit den dunklen Camargue-Stieren grasen und rosa Flamingos in den flachen Wasserflächen fischen. Nur wenigen ist bekannt, dass der größte Teil der *Camargue* intensiv landwirtschaftlich genutzt wird. Neben Obst, Gemüse und Wein wird dort in durch Deiche geschützten Parzellen, die von April bis September unter Wasser stehen, Reis angebaut. Vor allem der rote ungeschälte Reis aus der *Camargue* ist eine echte Delikatesse und bei Gourmets in und außerhalb von Frankreich sehr beliebt.

Das »weiße Gold« der *Camargue* ist das Salz, das in den ausgedehnten, weiß und rötlich schimmernden Salzgärten teilweise noch in Handarbeit geerntet wird. Die größten Salzgärten der *Camargue* befinden sich bei Salin-de-Giraud an der Mündung der großen Rhône und bei Aigues-Mortes im benachbarten Département Gard. In den *Salins du Midi* wird hauptsächlich

Speisesalz gewonnen, während das Salz der Saline an der Rhônemündung für die chemische Industrie verwendet wird.

Nur 30 Kilometer nordöstlich der Camargue zeigt sich ein gänzlich anderes Landschaftsbild. Reben und Olivenbäume prägen dort die Landschaft. Im *Vallée des Baux-de-Provence* (Tal von Les Baux-de-Provence) am Fuße der Kalksteinbergkette der *Alpilles* befindet sich eines der größten französischen Anbaugebiete für Oliven. Das in zahlreichen Ölmühlen im Umkreis von Les Baux-de-Provence produzierte Öl ist mit der höchsten Qualitätsklasse, der AOP-Auszeichnung *(Appellation d'Origine Protégée),* versehen und gehört zu den besten Ölen der Welt.

Von den *Alpilles* ist es nicht mehr weit bis nach Avignon, der Hauptstadt des Départements Vaucluse. Dieser ehemalige Papstsitz befindet sich am Zusammenfluss von *Rhône* und *Durance* und ist das wirtschaftliche, kulturelle wie auch gastronomische Zentrum der Region. Dort versteht man sich darauf, kulinarische Traditionen zu bewahren und sich gleichzeitig neuen Impulsen zu öffnen. Seit jeher zeichnet sich die avignonesische Küche dadurch aus, dass regionales und daher knackig frisches Gemüse mit Olivenöl, Zwiebeln und einer großen Vielfalt an würzigen Kräutern verarbeitet wird. Aber auch Hülsenfrüchte wie Linsen, Bohnen und Kichererbsen werden häufig in die Speisen integriert. Schmorgerichte *(Daubes),* die lange und mit viel Rotwein, vorzugsweise aus dem Anbaugebiet *Côtes du Rhône,* gegart werden, sind eine weitere Spezialität von Avignon.

Etwa 50 Kilometer südöstlich von Avignon erstreckt sich von Cavaillon bis Manosque eine bis zu 1100 Meter hohe Gebirgskette aus Kalkstein. Die Nordhänge dieses Mittelgebirges, des *Lubéron,* sind meist steil, unwirtlich herb und deshalb oft unberührt. Zu ihren Füßen verläuft die Nationalstraße auf der Trasse der Via Domitia, der ehemaligen Handelsstraße der Römer. Auf der Südseite des *Lubéron* kann man eine üppige Pflanzenwelt bewundern, die dort durch den Gebirgskamm geschützt vor den rauen, nördlichen Winden gedeiht. Die vielen kleinen Dörfer rechts und links des *Lubéron* schmiegen sich an die Hänge und laden zum Schlendern in engen Gassen ein, in denen mitunter die Zeit stehen geblieben zu sein scheint.

Der Süden des *Lubéron* fällt zum fruchtbaren Tal des Flusses *Durance* ab, wo Wein, Getreide, Obst und Gemüse gedeihen. Rund um die Kleinstadt Cavaillon gibt es Hunderte von Gewächshäusern und mit Folien abgedeckte Felder, auf denen Frühgemüse und Frühobst gezogen wird. Die qualitativ hochwertigen Produkte werden über den Großmarkt in ganz Europa verkauft. Cavaillon gilt außerdem als Hauptstadt der Melone, weil sich die Stadt seit mehr als 500 Jahren der Kultivierung dieser süßen Beerenfrucht widmet.

Die ursprünglich aus Cantalupo (der Sommerresidenz des Papstes bei Rom) stammende Melonensorte *Cantaloupe* wurde Ende des 15. Jahrhunderts zum ersten Mal auf den päpstlichen Feldern bei Cavaillon angebaut. Im Jahr 1825 wurde diese Form der Netzmelone durch eine neue Melonensorte verdrängt, die eine glatte, gelblich grüne Haut mit dunkelgrünen Streifen und ein leuchtend orangefarbenes Fruchtfleisch aufweist. Welch hohen Stellenwert die süße Frucht in Cavaillon einnimmt, erkennt man daran, dass sich eine eigens im Jahr 1998 gegründete »Bruderschaft der Ordensritter zur Bewahrung der Ehre und des guten Rufs der Cavaillon-Melone« um die Vermarktung kümmert. Die Mitglieder dieser Bruderschaft leisten selbstverständlich einen speziellen Melonen-Eid.

In der Stadt Apt, die zwischen dem Plateau von Vaucluse und dem *Lubéron* liegt und von vielen Obstplantagen und Rebhängen umgeben ist, widmet man sich ganz anderen Früchten. Dort werden Äpfel, Aprikosen, Birnen, Datteln, Himbeeren, Erdbeeren, Feigen, Kirschen, Pflaumen, Orangen und Zitronen in Zuckersirup gekocht und kandiert, sodass sich Apt selbstbewusst »Hauptstadt der kandierten Früchte« nennt.

Neben Obst, Wein und Lavendel trumpft das Département Vaucluse mit einer weiteren Köstlichkeit auf. Am Fuße des mächtigen Berges *Mont Ventoux* mit seinem kahlen, weiß leuchtenden Gipfel befinden sich nicht nur unzählige Lavendelfelder, sondern auch Steineichen und Haselnussbäume, unter denen von November bis März mit speziell ausgebildeten Hunden nach schwarzen Trüffeln *(Tuber melanosporum)* gesucht wird. Das wahre Trüffelparadies liegt jedoch etwas weiter nördlich im *Tricastin,* dem Landstrich zwischen Montélimar, Orange und Nyons. Der »schwarze Diamant« wird auf den Trüffelmärkten in Richerenches und Carpentras jeden Samstag zu (im Flüsterton ausgehandelten) Tagespreisen angeboten. Die Hauptkäufer sind Großhändler, die Sterne restaurants und Feinkostgeschäfte in ganz Frankreich sowie Kunden in den Vereinigten Staaten von Amerika, in Russland und Japan beliefern. Bis zu 400 Kilogramm Trüffel wechseln an guten Tagen den Besitzer. Bei etwa 500 Euro, die das Kilogramm kostet, sind die schwarzen und eher unscheinbaren Schlauchpilze alles andere als ein kulinarisches Leichtgewicht. Wahre Gourmets schwören jedoch, dass sich jeder Euro beziehungsweise Bissen lohnt!

Die Küche der Provence
So vielfältig wie die Region

Ebenso wenig wie es »die« Provence im geografischen Sinne gibt, gibt es »die« Küche der Provence. Das, was in der Region Provence in Töpfen und auf Tellern landet, wird von den klimatischen Bedingungen, den Bodenbeschaffenheiten und kulinarischen Traditionen bestimmt. Im alpinen Hochland kocht und isst man anders als in der Südprovence, an der Küste anders als in den Mittelgebirgen.

Dennoch haben sich, auch dadurch, dass die Provence eine der beliebtesten Urlaubsregionen von Frankreich ist, bestimmte Zutaten und Verarbeitungsweisen inzwischen als »typisch provenzalisch« etabliert. Der Begriff »provenzalisch« bezieht sich im kulinarischen Sinne vor allem auf diejenigen Zutaten, Speisen und Traditionen, die den sonnenverwöhnten Landstrichen der südlichen Provence entstammen. Sie sind die Essenz der provenzalischen Küche. Die wichtigsten Zutaten und Traditionen werden daher im Folgenden vorgestellt.

Olivenöl – das flüssige Gold der Provence

Wie in den meisten Ländern des Mittelmeerraums ist auch in der Provence das Olivenöl der flüssige Dreh- und Angelpunkt der traditionellen Küche. Außer beim Frühstück, das in ganz Frankreich eher bescheiden ausfällt, darf dieses Öl bei keiner Mahlzeit, ob warm oder kalt, fehlen.

Die Gründe dafür sind einerseits der gute, einem qualitativ hochwertigen Öl ganz eigene Geschmack, der vielen Speisen das typische mediterrane Aroma verleiht. Andererseits gilt Olivenöl in der Provence auch als »flüssige Form der Gesundheitsvorsorge«. Was die Provenzalen schon immer wussten, wurde inzwischen auch in wissenschaftlichen Studien bestätigt: Olivenöl hat antimikrobielle Eigenschaften, es kann antioxidativ und entzündungshemmend wirken. Darüber hinaus vermag es die Resorption von Cholesterin zu hemmen und kann dadurch einen unerwünscht hohen Cholesterinspiegel im Blut senken. Deshalb ist die durchschnittliche Lebenserwartung der Menschen im Südosten Frankreichs auch deutlich höher als die der Menschen in den nördlichen Regionen.

Wie aus der Frucht die goldfarbene, gesunde und schmackhafte Flüssigkeit wird, zeigt der folgende kurze Überblick über den Anbau, die Ernte und Verarbeitung.

Der Olivenbaum

Die Bäume, die das köstliche Öl hervorbringen, finden im gemäßigten Mittelmeerklima ideale Lebensbedingungen. Dort werden sie im Sommer von der Sonne verwöhnt, erhalten im Herbst genügend Regen, sind das ganze Jahr über keinen großen Temperaturschwankungen und nur selten strengem Frost ausgesetzt. Denn Frost und Eis sind die Hauptfeinde der Olivenhaine. Als am 2. Februar 1956 das Thermometer in Südfrankreich auf minus 15 Grad, in einzelnen Lagen sogar bis auf minus 20 Grad fiel und die Kälte mehr als 20 Tage andauerte, erfroren mehr als eine Million Olivenbäume. Heute zählt man im Département Provence-Alpes-Côtes d'Azur etwa 3,5 Millionen Olivenbäume, die 70 Prozent der Olivenproduktion des gesamten Landes erbringen.

Als Olivenbauer braucht man vor allem eines, nämlich Geduld. Bis ein Baum die ersten Früchte trägt, kann es, je nach Sorte, vier bis zehn Jahre dauern. Gute und stabile Ernten bringen Bäume ab einem Alter von 30 Jahren. Im Schnitt trägt ein Olivenbaum pro Jahr etwa 20 Kilogramm Früchte, woraus sich drei bis vier Liter Olivenöl ergeben. Bei guter Pflege können die Bäume mehrere Hundert Jahre alt werden und immer noch gute Erträge bringen. Die knorrigen Bäume mit dem silbrig grünen Blattwerk sind sehr genügsam und gedeihen selbst auf kargsten Böden, weil die Wurzeln bis zu sechs Meter in den Boden reichen und den Baum so mit Wasser und Nährstoffen versorgen.

Die Anbaugebiete

Von den fünf Olivenöl produzierenden Ländern der Europäischen Union (Spanien, Italien, Griechenland, Portugal, Frankreich) bildet Frankreich hinsichtlich der jährlich produzierten Menge das Schlusslicht. Dafür kann französisches Olivenöl mit exzellenter Qualität und erlesenem Geschmack auftrumpfen. Gerade in der Provence werden mit die besten Öle der Welt hergestellt.

Olivenbäume prägen das Landschaftsbild der Provence und sind über alle sechs Départements verstreut. Die Hauptanbaugebiete liegen jedoch in den *Alpilles,* wo um die Städte Les Baux-de-Provence, Maussanes, Mouriès, Tarascon, Fontvielle, Aureille und Eyguières die größten und ertragreichsten Haine zu finden sind. Ein weiteres großes Anbaugebiet liegt bei Saint-Martin-de-Crau in der *Camargue.* Hervorragende Öle werden auch in der Region von Nizza, im Tal der *Durance* im Département Alpes-de-Haute-Provence und fast im gesamten Département Var hergestellt.

Seit Beginn der neunziger Jahre hatte sich mit der *Appellation d'Origine Controlée (AOC)* ein Qualitätsstandard durchgesetzt, mit dem die Olivenöle aus den Gebieten der *Alpilles (Vallée des Baux-de-Provence),* aus Nyons, Aix-en-Provence, Haute Provence, Nizza und Nîmes ausgezeichnet wurden. Im Jahr 2006 wurde die Bezeichnung *AOC* aufgrund einer europäischen Verordnung durch die Bezeichnung *AOP (Appellation d'Origine Protegée)* abgelöst. Sie garantiert, dass die so ausgezeichneten Öle in einem bestimmten geografischen Gebiet nach einem anerkannten und festgelegten Verfahren erzeugt und hergestellt wurden.

Weil in der Provence nicht nur eine einzige Olivensorte angebaut wird, sondern viele verschiedene Sorten wachsen, ergeben sich hinsichtlich des Geschmacks und der Farbe sehr unterschiedliche Öle. Die bekannteste Olivensorte ist die *Picholine,* die ein sehr fruchtiges Öl hervorbringt. Aus der *Tanche* wird ein sehr zartes, mildes Öl gepresst, das ein dezentes Mandel- und Haselnussaroma aufweist. Das Öl aus der Sorte *Aglandau* ist dagegen eher robust und herb, mit einer Spur von Bitterkeit.

Die Olivenernte

Wer einmal einen provenzalischen Markt besucht hat, erinnert sich mit Sicherheit an die vielen kleinen Fässchen, in denen eingelegte grüne und schwarze Oliven angeboten werden. Dabei mag der Eindruck entstehen, dass es zwei Olivenarten, nämlich eine grüne und eine schwarze, gibt. Das stimmt so nicht. Die Farbe der Oliven verändert sich während des Reifeprozesses: Die Früchte sind unreif grün, färben sich dann violett und sind voll ausgereift dunkelviolett bis schwarz. Um den richtigen Zeitpunkt für die Ernte zu bestimmen, benötigt man ein geschultes Auge und viel Erfahrung, denn der Reifegrad bestimmt die Qualität und Menge des gewonnenen Öls. Je nach Lage und gewünschtem Öl wird zwischen Oktober und Februar geerntet.

Die Früchte für die besten, qualitativ hochwertigsten Öle werden auf traditionelle Art, nämlich von Hand geerntet. Damit keine der wertvollen Früchte verloren geht, werden schon vor der Ernte Planen unter den Bäumen ausgelegt, auf denen sich die von selbst heruntergefallenen Oliven sammeln. Eine weitere Erntemethode besteht darin, die Oliven mit langen Stangen von den Bäumen zu schlagen und in aufgespannten Netzen zu sammeln. In den flachen Ebenen und bei großen Kulturen werden Rüttelmaschinen oder, wenn die Olivenbäume spalierartig gepflanzt wurden, Erntemaschinen verwendet. Weil Olivenfrüchte sehr empfindlich sind, muss die Ernte für eine Ölgewinnung möglichst schnell, dass heißt innerhalb von ein bis drei Tagen gepresst werden.

Die Ölgewinnung

In vielen und vor allem in den kleinen Ölmühlen, die es in der ganzen Provence gibt, wird das Öl noch auf traditionelle und schonende Weise gewonnen:

Nach der Ernte werden die Oliven möglichst ohne Zwischenlagerung zur Ölmühle transportiert und dort maschinell von Zweigen und Blättern getrennt, die bei der Ernte zwischen die Früchte geraten sind, sowie gewaschen. Im Anschluss gelangen die Oliven in den sogenannten Kollergang (die eigentliche Mühle), wo sie in einer riesigen Schüssel mit hochkant stehenden, rotierenden Steinen zu einem Brei gemahlen werden. Dabei trennen sich die zusammenfließenden Öltropfen von der Pulpe, wodurch sich auch wichtige Fettbegleitstoffe lösen, die dem Öl sein ganz spezielles Aroma und den individuellen Charakter verleihen. Der so gewonnene Brei wird auf runden Matten aufgetragen, die gestapelt und hydraulisch gepresst werden. Die herausgepresste Flüssigkeit gelangt in eine Zentrifuge, die das bittere Fruchtwasser vom Öl trennt. Weil das so entstandene Öl meist noch trüb ist, wird es zum Abschluss gefiltert und dann abgefüllt.

In Regionen mit sehr großen Olivenkulturen, wo in den Mühlen zur Erntezeit große Mengen zu bewältigen sind, kommt ein moderneres Verfahren, das sogenannte Endlossystem, zum Einsatz. Nach dem Anliefern werden die Oliven dabei für etwa sechs Stunden in großen, luftdurchlässigen Containern gelagert und im Anschluss in einen riesigen Trichter geschüttet. Von dort durchlaufen sie auf einem Transportband die Saugstation, wo Blätter und Äste entfernt werden, und die Waschstation. Zerkleinert werden sie mit einem schnell rotierenden Metallschwingrad. Der Olivenbrei wird dann etwa 20 Minuten malaxiert, das heißt mittels eines Schneckensystems gerührt. Je nach Konsistenz des Breis wird manchmal noch Wasser hinzugefügt. Nach dem Rühren gelangt der Brei in den Dekanter, wo die Flüssigkeit vom Trester getrennt wird. Zum Schluss durchläuft die Flüssigkeit die Zentrifuge, um Fruchtwasser und Öl zu trennen.

Die Ölqualität

In Europa, also auch in Frankreich, wird Olivenöl in acht Güteklassen eingeteilt, die Qualitätsbezeichnungen vorgeben, unter denen das Öl verkauft werden darf.

Die höchste Güteklasse kommt unter der Produktbezeichnung »Natives Olivenöl Extra« in den Handel. Dieses Öl stammt aus der ersten Pressung und wird sowohl bei der traditionellen, als auch bei der modernen Gewinnung kalt, das heißt bei einer Temperatur von maximal 28 Grad Celsius gepresst. Dies schützt die wertvollen sekundären Pflanzenstoffe und hält den Anteil an freien Fettsäuren, die Geschmack und Geruch negativ beeinflussen können, unter 0,8 Gramm pro 100 Gramm Öl. Die Farbe eines Öls wird durch die verwendeten Olivensorten und den Reifezustand der geernteten Oliven bestimmt und kann von Hellgrün, Dunkelgrün bis Goldgelb variieren. Sie sagt jedoch nichts über die Qualität des jeweiligen Öls aus.

Weil gerade in der Provence seit jeher Öl von höchster Qualität produziert wird, tragen die meisten Öle dieser Region die Bezeichnung *Huile d'olive vierge extra* (Natives Olivenöl Extra). Seit einigen Jahren ist auch in Frankreich ein begrüßenswerter Trend zu vermehrtem ökologischen Anbau zu beobachten, sodass es inzwischen auch ausgezeichnete Öle in Bioqualität gibt.

Am besten kauft man provenzalisches Olivenöl natürlich direkt vor Ort. Falls Sie also beabsichtigen, demnächst in die Provence zu reisen, sollten Sie sich dort und vorzugsweise in einer der zahlreichen Ölmühlen oder beim *Producteur* (Olivenbauer) bevorraten. Das macht nicht nur Spaß, sondern bietet auch den Vorteil, dass Sie verschiedene Öle probieren und vergleichen können. In der ungeöffneten Flasche hält sich das Öl bei richtiger Lagerung (dunkel, kühl und trocken) 14 bis 18 Monate.

Bei uns hat man in Feinkostläden, die sich auf südländische Produkte spezialisiert haben, in einigen Weinhäusern, in gut sortierten Naturkostfachgeschäften und im Versandhandel die besten Chancen, Olivenöl aus der Provence zu beziehen. Sollte kein provenzalisches Olivenöl zur Hand sein, können Sie zum Nachkochen der Rezepte ab Seite 44 selbstverständlich jedes andere hochwertige Olivenöl verwenden.

Olivenöl in der Küche

Das »flüssige Gold« der Provence wird vielfältig in der kalten und warmen Küche verwendet. In vielen Haushalten steht immer eine kleine Karaffe mit Öl auf dem Tisch, woraus man sich auch während der Mahlzeit zusätzlich bedienen kann. Aufgrund seines erlesenen Geschmacks eignet sich Olivenöl wunderbar zum Anmachen von Salaten und Rohkostgerichten. Eine einfache Scheibe Brot wird, geröstet und mit etwas hochwertigem Olivenöl beträufelt, zur Delikatesse. In Öl eingelegtes Gemüse schmeckt nicht nur gut, sondern zeichnet sich außerdem durch eine längere Haltbarkeit aus. Mit Knoblauch, Kräutern, roten Pfefferschoten, Zitrusfrüchten oder Trüffeln kann einfaches Olivenöl aromatisiert und damit zu einer ganz besonderen Spezialität werden.

Auch zum Kochen, Braten und sogar zum Frittieren wird Olivenöl in der Provence genutzt. Besonders gesund und schmackhaft ist das Schmoren von Speisen in Olivenöl, da bei dieser Garmethode viele Nährstoffe erhalten bleiben. Weil Butter traditionell in der Provence nur wenig Verwendung findet, werden auch Teige und Backwaren mit Olivenöl angerührt. Ein mild aromatisches Öl kann auch Süßspeisen verfeinern und mit einer ganz besonderen provenzalischen Note versehen.

Brot – immer frisch aus dem Ofen

Wie in ganz Frankreich wird Brot auch in den provenzalischen Bäckereien mehrmals täglich und auch am Sonntag frisch gebacken, sodass man sich von früh bis spät mit einem knusprigen, herrlich duftenden Laib versorgen kann. Mengenmäßig am meisten wird Baguette gegessen, das zu keiner Mahlzeit fehlen darf. Der golden gebackene »Stock« (die deutsche Übersetzung für Baguette) ist innen herrlich weich und außen knackig knusprig, weil der Hefeteig kühl angerührt wird und anschließend lange in speziellen, schmalen Backformen mit erhöhtem Rand vor dem Backen ruhen darf.

Ein typisch provenzalisches Brot ist die *Fougasse*. Der Name hat seinen Ursprung im Lateinischen »panis focacius«, mit dem man ein flaches Brot bezeichnete, das auf dem Herd (focus) gebacken wurde. Im benachbarten Italien nennt man diese Brotspezialität heute übrigens *Focaccia*. Das Besondere an der provenzalischen *Fougasse* ist, dass man sie, nachdem man den Teig zum Fladen ausgerollt hat, einschneidet und die Einschnitte mit den Fingern vergrößert. Die Öffnungen im Teig ergeben so ein hübsches Muster. Die *Fougasse* wird meistens salzig und mit reichlich Olivenöl zubereitet und heiß aus dem Ofen als Vorspeise zu Salat oder *Tapenade* gereicht. In der Provence schneidet man sie nicht mit dem Messer, sondern reißt mit den Fingern kleine Stücke ab. Eine süße, mit Zucker und Orangenblütenwasser verfeinerte *Fougasse* ist die *Pompe à l'huile* (auch *Fougasse d'Arles* genannt), die Teil der typischen zu Weihnachten aufgetischten 13 Desserts ist. Nach der Überlieferung darf man auch die *Pompe à l'huile* nicht schneiden, sondern so, wie Jesus Christus es getan hat, lediglich brechen. Wer dennoch ein Messer zur Hand nimmt, läuft Gefahr, sich im neuen Jahr selbst brotlos (also arm) zu machen.

Die *Pissaladière* ist eine weitere Spezialität aus dem Ofen der provenzalischen Bäcker. Sie ist kein Brot im klassischen Sinn, sondern ein Mittelding zwischen Pizza und Tarte. Wie die Pizza wird sie aus Hefeteig zubereitet, aber niemals mit Tomaten belegt. Stattdessen verwendet man in der Pfanne weich geschmorte Zwiebeln, auf denen man Sardellenfilets und schwarze Oliven verteilt. Da die *Pissaladière* aus Nizza stammt, nimmt man hierfür gern *Caillettes*, die kleinen, um Nizza herum angebauten Oliven. Dass die *Pissaladière* auch ohne Sardellen gut schmeckt, zeigt das Rezept auf Seite 104.

Die Tomate – der provenzalische Liebesapfel

Die Tomate oder der *Pomme d'amour*, wie ihn die Franzosen liebevoll nennen, ist ein unverzichtbarer Bestandteil der provenzalischen Küche. Ohne die rote Frucht, die allerdings gemeinhin wie ein Gemüse behandelt wird, könnte man die mediterrane Küche beinahe für fade und farblos halten. Betrachtet man die lange und wechselhafte Geschichte der Provence, ist die Tomate allerdings ein Neuling. Der Eroberer Herman Cortès lernte sie 1519 in Mittelamerika kennen, wo sie zum Speiseplan der Azteken gehörte. Da man die hübsche, knallrote Frucht mit den gelben Blüten nach ihrer Ankunft in Europa jedoch zunächst für giftig hielt, zog man sie lediglich als Zierpflanze oder zu medizinischen Zwecken.

Historische Quellen beschreiben die Tomate als Küchenzutat der Provence ab 1750. Von dort aus wurde sie im Rahmen der Feierlichkeiten zum Föderationsfest *(Fête de la Fédération),* das am 14. Juli 1790 zum ersten Jahrestag der Erstürmung der Bastille abgehalten wurde, in die Pariser Gastronomie eingeführt. Während sich die Pariser in Sachen Tomate noch eine ganze Weile zurückhielten, war es für die Provenzalen anscheinend Liebe auf den ersten Biss. Zudem erkannten sie, dass sich der *Pomme d'amour* gut einmachen und auf diese Weise lange lagern lässt, sodass die Tomate auch außerhalb der Erntezeit die Küche bereichert. Aus dieser Zeit stammt die Tradition, Tomaten zu *Coulis de tomate,* zu passierten Tomaten, einzukochen.

Im Gericht *La Bohémienne* werden Tomaten und Auberginen zu gleichen Teilen mit Schalotten und Knoblauch geschmort (siehe Seite 84). Bei der *Rata-*

touille kommen noch Paprikaschoten und Zucchini hinzu (siehe Seite 92). Im Ofen werden Tomaten entweder als *Tomates à la provençale* mit Semmelbröseln und Petersilie überbacken oder mit einer Füllung versehen *(Tomates farcies)*. In Suppen werden sie heiß oder auch gut gekühlt genossen. Typische Saucen gibt es in der Provence, wo reichhaltige Saucenzubereitungen allein schon wegen der häufig hohen Temperaturen weniger gefragt sind, nur eine gute Hand voll. Es verwundert nicht, wenn sich unter diesen Saucen auch eine Tomaten-Rotwein-Sauce *(Raïto)* befindet, die mit Oliven und Kapern verfeinert und zu Nudeln oder gefüllten Gemüsespezialitäten serviert wird (siehe Seite 78).

Mediterranes Gemüse – bunt und gesund

Neben der Tomate bereichert eine Vielzahl weiterer Gemüsearten die provenzalischen Töpfe, was die Küche des Südens so bunt und gesund macht. Besonders typisch sind Artischocken, Auberginen, Fenchel, grüne Bohnen, Mangold, Paprikaschoten, Zucchini, Schalotten und Zwiebeln.

Artischocken werden entweder in Olivenöl geschmort und mit etwas *Aïoli* verfeinert oder in Wasser gekocht und mit einer Vinaigrette, in die man die abgezupften Blätter tunkt, serviert. Paprikaschoten dürfen bei vielen Gemüsegerichten nicht fehlen, werden aber auch gern mit einer Füllung versehen (siehe Seite 128). Sehr häufig werden Auberginen verwendet, von denen auf den provenzalischen Märkten nicht nur die länglichen schwarzvioletten Früchte, sondern auch kugelförmige hellviolette oder gurkenförmige cremeweiße zu bewundern (und zu erwerben) sind. Aus den schwarzvioletten Auberginen wird mit Tomaten der sogenannte »Auberginenkaviar« zubereitet (das Rezept dazu finden Sie auf Seite 50). Er enthält keinen Fischrogen, sondern erhielt diesen Namen, weil die Auberginen und Tomaten hierfür sehr fein zerkleinert werden.

Typisch für die Provence ist auch ein reichhaltiger Auflauf *(Tian,* siehe Seite 132), bei dem Zwiebeln, Knoblauch, Paprikaschoten und Auberginen zuerst in der Pfanne geschmort und dann mit Tomatenscheiben, Kräutern der Provence sowie reichlich Olivenöl im Backofen überbacken werden.

Je nach Saison verarbeitet man auch Spargel, anders als in Deutschland allerdings vornehmlich grünen Spargel, und Kürbis. Die Wälder der Provence sind reich an Pilzen, sodass traditionell auch Pilzgerichte aufgetischt werden. Weil vielen Provenzalen heute jedoch entweder die Zeit zur Pirsch auf Wildpilze oder das Wissen um die essbaren Arten fehlt, werden häufig Zuchtpilze wie Champignons verwendet.

Hülsenfrüchte – überraschend vielfältig

Getrocknete Bohnen, Linsen und Kichererbsen bereichern seit Jahrhunderten den provenzalischen Speiseplan. Gerade in den weniger fruchtbaren und damit ärmeren Regionen zählen getrocknete Bohnen und Linsen traditionell zu den Grundnahrungsmitteln. Aus ihnen werden sämige Eintöpfe und Pürees gekocht oder man fügt sie lange im Ofen schmorenden Ragouts hinzu. Heute hat auch die gehobene Gastronomie die Hülsenfrüchte für sich wiederentdeckt, indem sie althergebrachte Rezepte neu definiert und mit einer frischen, zeitgemäßen Note auf die Teller bringt.

Vor allem die Kichererbse ist wegen ihres leicht nussigen, wenig mehligen und aromatischen Geschmacks sehr beliebt. Sie wird häufig in Gerichten, die ihren Ursprung in den ehemaligen französischen Kolonien im Norden Afrikas haben, verwendet (wie beim Couscous mit Kichererbsen von Seite 86). Eine weitere Art, Kichererbsen zuzubereiten, wurde aus dem benachbarten italienischen Ligurien übernommen. Dort ist vor allem das aus gerösteten Kichererbsen gemahlene Kichererbsenmehl sehr beliebt. Dieses rührt man mit Wasser sowie ein wenig Salz und Olivenöl zu einem Teig an, der dann entweder gebraten oder im Ofen gebacken wird. Von Nizza bis nach Marseille serviert man als Aperitif gern in Olivenöl frittierte oder in der Pfanne gebratene Kichererbsenplätzchen, die *Panisses* (siehe Seite 56). Etwas weiter nördlich, zwischen Menton an der französisch-italienischen Grenze und Nizza, wird aus Kichererbsenmehl die *Socca*, die im Italienischen *Farinata* heißt, zubereitet (das Rezept dazu steht auf Seite 110). Der Teig wird in flache Formen gegossen und danach bei großer Hitze im Ofen gebacken, bis die *Socca* schön golden gefärbt ist. Sie wird frisch aus dem Ofen mit etwas Pfeffer bestreut serviert.

Saucen und Pasten – würzige Begleiter

Anders als im benachbarten Italien sind Saucen, vor allem solche, die heiß genossen werden, in der Provence rar. Stattdessen gibt es vor allem Pasten, die in der Konsistenz entweder wie ein Dip oder etwas flüssiger sind.

Typisch für die Provence ist die *Tapenade* (die Rezepte dafür befinden sich auf den Seiten 74 bis 76). Hierfür werden vor allem schwarze Oliven zerkleinert und mit Kapern, Pinienkernen, Kräutern und Olivenöl zu sehr würzigen Pasten vermischt. Eine aus Mandeln und grünen Oliven zubereitete *Tapenade* ist geschmacklich etwas milder. *Tapenade* wird traditionell auf geröstete Baguettescheiben gestrichen und als Vorspeise gereicht.

Noch würziger ist die Saucenspezialität *Rouille*, die aus Pfefferschoten, Weißbrot, Olivenöl, Knoblauch und Safran hergestellt wird und ihren Namen von ihrer rostroten Farbe bezieht. Sie wird traditionell zu einem weiteren Klassiker der provenzalischen Küche serviert, nämlich zur Suppenspezialität *Bouillabaisse* (Rezepte für die Sauce und die vegetarische Variante der Suppe finden Sie auf den Seiten 77 und 64.).

Viele provenzalische Gerichte stammen ursprünglich aus dem benachbarten italienischen Piemont und wurden in der eigenen Region weiterentwickelt. Die *Bagna cauda,* eine aus Olivenöl, schwarzen Oliven, Kapern und Knoblauch zubereitete und heiß servierte Sauce, gehört dazu. Sie wird mit Gemüsesticks und knusprigen Brotscheiben als Vorspeise, mitunter auch als Hauptspeise, serviert. Man stellt sie in einem Rechaud auf den Tisch und tunkt das zerkleinerte Gemüse oder die Brotscheiben hinein.

Ohne Knoblauch geht in der Provence kulinarisch sehr wenig. Fast alle herzhaften Speisen werden mit der einen oder anderen Zehe gewürzt. Aus (sehr viel) Knoblauch und zusätzlich lediglich Olivenöl besteht die weit über die Grenzen der Provence hinaus bekannte und beliebte Würzsauce *Aïoli.* Hierfür wird Knoblauch mit etwas Salz im Mörser fein zermust und schließlich unter ständigem Rühren behutsam Olivenöl dazugeben, sodass eine Emulsion entsteht. Der Begriff *»Aïoli«* bezeichnet traditionell nicht nur eine Sauce, sondern steht für ein ganzes Gericht, *l'Aïoli garni.* Hierfür wird gedünsteter Kabeljau mit gekochtem Gemüse wie Kartoffeln, Karotten, grünen Bohnen, Zwiebeln und Artischocken aufgetischt und mit einer Sauce aus Knoblauch *(l'ail)* und Olivenöl *(l'huile d'olive)* verfeinert. Heute reicht man *Aïoli* jedoch meist mit zerkleinertem rohen Gemüse und Baguette als Vorspeise.

Reis – Spezialität aus der Camargue

Reisfelder an der Südküste Frankreichs? Viele Frankreichreisende reiben sich erstaunt die Augen, wenn sie das erste Mal die Reisfelder in der *Camargue* erblicken. Für viele ist Reis ein rein asiatisches Produkt. Dabei wird Reis in hervorragender Qualität auch in Europa angebaut, und zwar in Portugal, Spanien, Italien, in der Schweiz und im Mündungsbereich der Rhône. Und das schon seit mehr als 400 Jahren. König Henri IV soll am 3. August 1593 auf Empfehlung seines Ministers Sully ein Dekret zum Reisanbau erlassen haben. Der Grund dafür soll weniger staatsmännisch, sondern eher profan gewesen sein: Henri IV war auf der Suche nach einer passenden kulinarischen Beilage zu seinem Sonntagsessen, dem Hühnchen im Topf *(Poulet au pot).*

Reisanbau im großen Stil betreibt man in der *Camargue* jedoch erst seit 1860, nachdem Deiche errichtet wurden, die die Region vor den zerstörerischen Überschwemmungen der *Rhône* schützen. Seinen Höhepunkt erreichte der Reisanbau in der *Camargue* vom Ende des Zweiten Weltkriegs bis etwa 1960. Danach setzten viele Landwirte in der *Camargue* auf den profitableren Hartweizen oder wandten sich dem Weinanbau zu. Heute bewirtschaften etwa 200 Reisbauern ein Gebiet von etwa 20 000 Hektar Fläche und produzieren jährlich etwa 120 000 Tonnen Rohreis.

Der Reis ist für die *Camargue* nicht nur ein wirtschaftlicher, sondern auch ein ökologischer Faktor. Die ständige Bewässerung der Reisfelder mit Süßwasser schützt die Region vor Versalzung und erhält dadurch eine alte Kulturlandschaft mit daran angepasster Flora und Fauna.

Eine besondere Spezialität der *Camargue* ist der rote Reis. Er entstammt einer natürlichen Kreuzung des einheimischen roten Grases mit weißem Reis. Die rote Farbe erhält das Korn durch die tonhaltige Erde der *Camargue*. Roter Reis ist ungeschälter, nährstoffreicher Vollkornreis, dessen Aroma an Haselnüsse erinnert. Er benötigt 35 bis 40 Minuten, bis er bissfest gegart ist. Ein Rezept, um roten Reis schmackhaft zuzubereiten, finden Sie auf Seite 88.

Kräuter und Gewürze – betören Augen und Gaumen

Kräuter der Provence

Wer an einem Sommertag durch die wilden Heidelandschaften Südostfrankreichs streift, wird nachvollziehen können, warum die Provence auch als die »Provinz der Düfte« bezeichnet wird. In den mediterranen Strauchheidenformationen, die durch intensive Beweidung und systematisches Abbrennen entstanden sind, gedeihen duftende Kräuter wie Rosmarin, Thymian, Lavendel, Lorbeer, Bohnenkraut und Majoran, die als *Herbes de Provence* viele provenzalische Gerichte verfeinern. Sie werden den Gerichten einzeln, je nach Bedarf und Geschmack und meistens frisch oder aber als fertige, getrocknete Mischung hinzugefügt. Werden sie in fertiger Mischung als »Kräuter der Provence« angeboten, soll die Mischung laut einer Richtlinie 26 Prozent Oregano, 26 Prozent Rosmarin, 26 Prozent Bohnenkraut, 19 Prozent Thymian und 3 Prozent Basilikum enthalten. Der Name »Kräuter der Provence« ist allerdings nicht rechtlich geschützt, sodass manche Anbieter ihrer Kräutermischung durch das Hinzufügen von Lavendel, Estragon, Fenchel, Liebstöckel oder Salbei eine individuelle Note verleihen.

Um ihr volles Aroma zu entfalten, müssen die getrockneten Kräuter der Provence, anders als frische Kräuter, länger mit den Speisen garen.

Lavendel

Keine andere Pflanze wird allgemein so eng mit der Provence verbunden wie der Lavendel. Er gilt als die »Seele der Provence« und wurde schon von den Römern, später im Hochmittelalter von Mönchen in Klostergärten als Arzneimittel angebaut. Da Echter Lavendel *(Lavandula angustifolia)* besonders gut ab 600 bis 700 Meter Höhe wächst, sind die Hochebenen der Haute Provence das Zentrum des Lavendelanbaus. Dort verströmen die je nach Sonnenstand malvenfarben oder blau schimmernden Lavendelblüten in den Sommermonaten ihren betörenden Duft und werden im Juli oder August inzwischen meist maschinell geerntet. Da Echter Lavendel erst nach zwei bis vier Jahren geerntet werden kann, bauen viele Lavendelbauern inzwischen vornehmlich den Lavandin, eine Kreuzung aus Echtem Lavendel und einer weiteren Lavendelart, an. Lavandin gedeiht schon auf Höhen zwischen 200 und 600 Metern, kann bereits im ersten Jahr geerntet werden und erbringt höhere Erträge. Für das hochwertige, echte Lavendelöl, das die feinen in Grasse produzierten Parfüms und Seifen aromatisiert und fast zum Goldpreis gehandelt wird, kommt allerdings ausschließlich Echter Lavendel in die Destillierkolben.

Lavendel kann nicht nur Seifen und Parfüms, sondern auch viele typische mediterrane Gerichte verfeinern. Möchte man Lavendel in der Küche verwenden, sollte man darauf achten, die Blüten des Echten Lavendels zu verarbeiten. Andere Lavendelarten haben oft nicht das gewünschte, ein wenig süßliche, sondern eher ein unangenehm »seifiges« Aroma. Zum Würzen von herzhaften Gerichten können die Blüten, aber auch die feinen, nichtholzigen Stängel und Blätter sowohl frisch als auch getrocknet genutzt werden. Feinere Speisen oder Desserts würzt man dagegen am besten nur mit den zarten Blüten.

Kuchen oder Desserts können auch mit Lavendelzucker verfeinert werden. Hierfür zerreibt man 1 EL Lavendelblüten fein im Mörser und vermischt sie mit 125 g Zucker. Diese Mischung füllt man in ein verschließbares Glas und lässt alles etwa 10 Tage ziehen. Der Lavendelzucker kann ähnlich wie Vanillezucker verwendet werden.

An heißen Sommertragen serviert man in der Provence gern eine köstlich kühle Lavendellimonade. Sie ist schnell und einfach zubereitet (siehe nebenstehendes Rezept).

Safran

Wenn der Lavendel geerntet ist und der Herbst langsam Einzug hält, macht eine andere botanische Schönheit in der Provence auf sich aufmerksam. Auf sorgsam gehegten und gepflegten Feldern blüht für kurze zwei Wochen der Safran *(Crocus sativus)* hübsch violett. Die wertvolle Gewürzpflanze kam aus dem Orient zu den Griechen und später zu den Römern, die den Safran mit in das heutige Frankreich brachten. Dort widmete man sich vor allem in den Regionen von Orléans und Angoulême sowie im Vaucluse der Safrankultur. Die erste Verordnung über den Handel mit Safran wurde 1550 in Blois erlassen. König Louis XIV ernannte im Jahr 1772 Safran-Inspektoren für 15 französische Städte, darunter auch Avignon: Der Handel mit Fälschungen oder Ersatzprodukten wurde drastisch bestraft.

Mit den Wirren der Französischen Revolution kam die Safrankultur in Frankreich praktisch zum Erliegen und wurde erst in den letzten Jahren durch einige kleine landwirtschaftliche Betriebe wieder aufgenommen. Die Ernte ist mühsam und erfolgt von Hand. Die Blüten werden in den Morgenstunden gepflückt und auf einer glatten Fläche ausgebreitet. Jede Blüte enthält einen Griffel, der sich in drei faserige, rotgelbe und stark riechende Narben verzweigt. Die Narben werden vorsichtig entnommen und getrocknet, wodurch sich das typische leicht bitterscharfe Safranaroma entwickelt. Für ein Kilogramm getrockneten Safran benötigt man etwa 150 000 Blüten, was den hohen Preis des orangefarbenen Gewürzes erklärt.

In der provenzalischen Küche verfeinert man die *Bouillabaisse* (Rezept siehe Seite 64), die Pfeffersauce *Rouille* (Rezept siehe Seite 77) sowie einige Kartoffelgerichte (zum Beispiel die Quetschkartoffeln von Seite 134) mit Safran. Damit das feine Aroma beim Kochen nicht verloren geht, sollte Safran

erst zum Ende der Garzeit hinzugefügt werden. Die Safranfäden entfalten ihr volles Aroma sowie ihre rotgoldene Farbe besser, wenn man sie vorher kurz in warmem Wasser einweicht. Gelagert wird Safran am besten in einem dicht verschließbaren und dunklen Gefäß.

Rezept: Lavendellimonade
Limonade à la lavande

3 – 4 EL Roh-Rohrzucker
150 ml kochend heißes Wasser
3 unbehandelte Zitronen
4 Zweige Lavendel
1 l kaltes Wasser

- Den Zucker im kochend heißen Wasser auflösen.
- Von einer der Zitronen die Schale abreiben. Die Zitronenschale und die Lavendelzweige zum Zuckerwasser geben, kurz verrühren und 15 Minuten ziehen lassen.
- Alle Zitronen auspressen. Den Zitronensaft und das kalte Wasser zum Limonadenansatz geben und mindestens 4 Stunden im Kühlschrank gut durchkühlen lassen.
- Die Limonade vor dem Servieren durch ein feines Sieb geben.

Vive la carotte!
Vegetarisch und vegan leben in Frankreich

Aller Anfang ist schwer

Zu behaupten, in Frankreich habe die Wiege des europäischen Vegetarismus gestanden, wäre glatt gelogen. In der Tat hatten bis vor kurzem all jene, die öffentlich der Fleischeslust auf ihren Tellern entsagten, einen mehr als schweren Stand. Denn dort, wo Hähnchen in Rotweinsauce, Meeresfrüchte, Weinbergschnecken in Knoblauchbutter oder Bohneneintopf mit eingemachtem Entenfleisch zum kulinarischen Sonntagsvergnügen gehören, *la Chasse,* das alljährlich von September bis März grassierende Jagdfieber, als eine Art Nationalheiligtum gilt und Gänseleberpastete ein Kulturgut ist, galten Vegetarier im Allgemeinen und Veganer im Besonderen als Exoten oder Sonderlinge. In Restaurants – auch jenen, die sich mit einem oder mehreren Michelin-Sternen schmücken dürfen – mussten sie sich oft mit den Beilagen oder den alles andere als französischen Spaghetti mit Tomatensauce zufriedengeben. Wer als »echter« Franzose die kulinarische Ehre seines Heimatlandes hochzuhalten gedachte, sprach *Boeuf bourguignon,* Hühnchen aus Bresse und Austern von heimischen Küsten zu.

Ende der neunziger Jahre des vergangenen Jahrhunderts schlug den Franzosen genau dieser Appetit jedoch gewaltig auf den Magen. Eine bis dato nicht gekannte Häufung von Lebensmittelskandalen erschütterte die *Grande Nation.* Dann wurden auch noch die Kühe »verrückt«. Die *Crise de la vache folle* brachte auch viele Franzosen, deren Pro-Kopf-Verbrauch an Fleisch mit gut 90 Kilogramm pro Jahr damals an der Spitze Europas lag, zum Umdenken. Plötzlich fragte man nach Herkunftszertifikaten und Aufzuchtdetails. Einige Verbraucher gingen noch einen Schritt weiter und fragten sich, ob Fleisch, Fisch und Geflügel der Gesundheit überhaupt dienlich sind. Die Stunde des Vegetarismus schlug.

Die neuen Grünkost-Gourmets

Heute bezeichnen sich zwei bis drei Prozent der Franzosen als Vegetarier, was bedeutet, dass 1,2 bis 1,8 Millionen Bürger der Fleischeslust auf dem Teller abgeschworen haben. Statistisch gesehen ist die Mehrzahl von ihnen weiblich, mit einem höheren Bildungsabschluss ausgestattet und lebt in der Region Paris oder im Süden des Landes. Verlässliche Zahlen darüber, wie viele

der neuen Grünkost-Gourmets nicht nur Fleisch, Geflügel und Fisch, sondern auch Milchprodukte und Eier weglassen, gibt es momentan noch nicht. Verfolgt man jedoch die wachsende Anzahl veganer Blogs und Internetseiten, ist *le Végétalisme* (der Veganismus) in Frankreich durchaus ein Thema.

Die Vegetarier und Veganer in Frankreich sind gesundheitsbewusst, experimentierfreudig und wie der Rest ihrer Landsleute an gutem, wohl schmeckendem Essen interessiert. Deshalb verbinden sie Alt mit Neu, den Westen mit dem Osten, Gesundheit mit Genuss. Die altbewährten Rezepte der französischen Landhausküche werden neu interpretiert und angepasst, sodass die berühmte *Quiche lorraine* statt mit Schinken und Speck mit Räuchertofu daherkommt, auf das Ei beim Anrühren von *Aïoli* verzichtet und das Omelett mit einem Teig aus Kichererbsenmehl zubereitet wird.

Diesem Trend folgend, hat sich die Anzahl der vegetarischen wie auch veganen Angebote auf den Speisekarten der Restaurants vervielfacht. Der große Altmeister Alain Ducasse räumt in seinen neueren Kochbüchern Obst- und Gemüsegerichten zunehmend Platz ein. Sein Kollege Jean Montagard eröffnete bereits 1978 ein rein vegetarisches Restaurant und wurde dafür lobend im Gourmetführer *Gault Millau* erwähnt. Heute gibt er Kochkurse zur vegetarischen Feinschmeckerküche, macht sich für die regionale und saisonale sowie Bio-Küche stark und ist Autor verschiedener vegetarischer Kochbücher. Jungköche und Jungköchinnen, die zwar noch ohne Michelin-Stern, aber mit viel Engagement und Experimentierfreude ihrem Metier nachgehen, machen sich daran, die traditionsbeladenen Rezepte ihrer Vorgänger zu entstauben und dem neuen Appetit auf mehr Grün, mehr Bio und weniger Fleisch gerecht zu werden. Der Fundus an vegetarischen wie auch veganen Rezepten ist auch in Frankreich groß, man muss nur wissen, sich seiner zu bedienen.

Lundi, c'est végé

Ein einziger fleischfreier Tag pro Woche kann einen großen Unterschied machen, für die Tiere, die Umwelt, das Klima und die Gesundheit. Dieser Gedanke entwickelte sich ausgehend von der belgischen Stadt Gent zu einer Bewegung, die mittlerweile Europa, die Vereinigten Staaten von Amerika und andere Teile der Welt erfasst hat. Auf Betreiben der *Association Végétarienne de France* und der Tierrechtsorganisation *L214* wurde unter dem Motto »*Lundi, c'est végé*« dieser fleischlose Wochentag auch in Frankreich initiiert, und zwar für den Montag.

Dem Appell, an einem Tag der Woche in öffentlichen Kantinen, in den Mensen der Schulen und Universitäten, in Restaurants und anderen Verpflegungseinrichtungen ein vegetarisches Hauptgericht anzubieten, haben sich bislang zwar noch nicht so viele Städte wie in Deutschland angeschlossen, doch der fleischlose Montag erfreut sich zunehmender Beliebtheit. So haben Schulkinder in den Städten Dijon, Strasbourg, Saint Etienne, Marseille, Metz, Lyon und Hoenheim nicht nur am Montag, sondern gleich an mehreren oder allen Wochentagen die Möglichkeit, ein vegetarisches Gericht zu essen.

Und das, obwohl es in Frankreich einen Erlass gibt, der im Sinne einer »ausgewogenen« Ernährung in Schulkantinen vorschreibt, dass Schulmahlzeiten Fleisch oder Fisch enthalten müssen und in Schulkantinen täglich proteinhaltige Lebensmittel tierischen Ursprungs wie Fleisch und Fisch anzubieten sind.

In der Hauptstadt Paris heißt es »Dienstag ist Veggie-Tag«. Allerdings (noch) nicht überall, sondern lediglich in den Schulkantinen des zweitens Stadtbezirks, wo der den *Les Verts* (den Grünen) zugehörige derzeitige Bürgermeister Jacques Boutault ein großer Verfechter der vegetarischen Bewegung ist. Wie die Gremien der anderen Pariser Bezirke langfristig entscheiden werden, bleibt abzuwarten. Die französische Agrarlobby ist stark und einflussreich und die Kritiker des Vegetarismus sind noch immer zahlreich. Ein weiteres positives Zeichen ist jedoch, dass sich inzwischen auch der zehnte Pariser Stadtbezirk dem neuen Gemüsetag angeschlossen hat. Zwar nur einmal im Monat, aber immerhin. Es tut sich was. Nicht nur in der Hauptstadt, sondern im ganzen Land.

Veggie Pride

Eine weitere Gruppe, die zu dieser Veränderung beiträgt, sind die Tierschützer und Tierrechtler. »Tue niemanden an, was dir selbst nicht angetan werden soll«, lautet ihr Credo. Für die »Möglichkeit und Notwendigkeit eines Lebens ohne Töten« gehen bei der alljährlichen *Veggie Pride,* dem Fest für stolze Vegetarier und Veganer, in Paris und Marseille inzwischen Tausende Menschen auf die Straße. Beim *Paris Vegan Day,* den es seit 2009 gibt, können sich Interessierte über die rein pflanzliche Lebensweise informieren und vegane Köstlichkeiten (nicht nur aus Frankreich) probieren. Organisationen wie die *Association Végétarienne de France (l'AVF),* die *Société Végane, PeTA France, vegan.fr, Pro Anima* oder *droits des animaux (DDA)* vermerken wachsende Mitgliederzahlen. In den Regalen der Buchhandlungen sind nicht nur die Werke der großen französischen Koch-Koryphäen, sondern auch immer mehr appetitanregende Bücher über die vegetarische und die vegane Küche zu finden. Der grüne Samen der fleischlosen und veganen Kost ist auch im Mutterland aller Gourmets aufgegangen. Bleibt zu hoffen, dass die, die ihn hegen und pflegen, sich mehren und gut gedeihen.

Savoir cuisiner
Küchenwissen

Die Küche der Provence ist sehr bodenständig, verwendet überwiegend einfache, naturbelassene Zutaten und seit Generationen erprobte Techniken, sodass man kein Spitzenkoch à la Ducasse oder Bocuse sein muss, um die Rezepte ab Seite 44 nachzukochen. Damit trotzdem alles leicht von der Hand geht und sicher gelingt, möchte ich Ihnen im Folgenden noch ein paar Tricks aus der Küchenpraxis und Tipps zu einigen Zutaten, etwas *Savoir cuisiner,* an die Hand geben.

Meersalz

Da man an den französischen Küsten schon seit mehr als tausend Jahren Salz erntet, wird in der Küche und am Tisch gern mit heimischem Meersalz gewürzt. Dabei unterscheidet man zwei Typen von Meersalz: das grobe *Gros sel* und das feine *Fleur de sel.* Letzteres, die »Blume des Salzes«, ist der Teil des Salzes, der sich in winzigen Salzkristallen an der Wasseroberfläche absetzt und mit viel Fingerspitzengefühl geerntet wird. Selbst in guten Sommern macht dieses strahlend weiße Meersalz nur vier Prozent der Gesamternte aus und ist entsprechend teuer. *Fleur de sel* wird vorwiegend zum Würzen von rohen Speisen verwendet und sollte beim Kochen erst am Ende zugegeben werden.

Das grobe Meersalz ist meistens noch etwas feucht und hat eine leicht graue Färbung. Sein würziger Geschmack gibt Suppen, Eintöpfen und Saucen eine besondere Note und bereichert das Kochwasser von Gemüse, Nudeln oder Reis. Grobes wie feines Meersalz gibt es in großer Auswahl im Reformhaus und im Naturkostladen. Gut sortierte Supermärkte führen es bei den klassischen Gewürzzutaten.

Meersalz würzt anders als Industriesalz oder Steinsalz, daher sollte man beim ersten Gebrauch etwas vorsichtig sein und sich im Umgang damit ein wenig üben.

Ras el-Hanout

Die Gewürzmischung Ras el-Hanout besteht aus bis zu 35 verschiedenen gemahlenen Gewürzen, die in nordafrikanischen Ländern gern zum Würzen von Couscousgerichten verwendet werden. In der Regel sind in Ras el-Hanout vor allem Ingwer, Gewürznelke, Zimt, Anis, Kurkuma, Muskatnuss und Muskatblüte, verschiedene Pfeffersorten, Kardamom, Kreuzkümmel, Fenchel und Galgant enthalten. Wie in Nordafrika gibt es in Frankreich gelbes und rotes Ras el-Hanout, wobei das rote durch gemahlene Pfefferschoten deutlich schärfer ist.

In Frankreich ist diese Gewürzmischung in den meisten Supermärkten erhältlich. Bei uns findet man sie mitunter in türkischen Geschäften, in Supermärkten mit einem umfangreichen Gewürzsortiment, in Naturkostläden und speziellen Gewürzläden sowie im Versandhandel.

In den Rezepten ab Seite 44 wird sowohl gelbes als auch rotes Ras el-Hanout verwendet. Falls nur gelbes Ras el-Hanout zur Hand ist, können Sie dieses durch Hinzufügen von gemahlenen Chiliflocken, scharfem Paprikapulver oder Cayennepfeffer verschärfen.

Couscous

Couscous ist ein Grundnahrungsmittel der nordafrikanischen Küche und besteht aus befeuchtetem und zu winzigen Kügelchen gerolltem Hartweizengrieß. Nach Frankreich kam der Couscous erst im 19. Jahrhundert. Heimkehrer aus den Kolonien und Emigranten brachten ihn mit nach Paris und in die anderen französischen Großstädte. Inzwischen ist Couscous ein fester Bestandteil der südfranzösischen Küche. Besonders beliebt ist der vorgegarte und erneut getrocknete Instantcouscous, der nur in kochendes Salzwasser oder kochende Brühe eingerührt werden muss und danach noch 8 bis 10 Minuten zum Ausquellen benötigt. Vor dem Servieren rührt man ein wenig Olivenöl unter und lockert den Couscous mit einer Gabel.

Geröstetes Kichererbsenmehl

Aus dem ein wenig nussig schmeckenden Kichererbsenmehl werden in der Provence vielerlei Speisen zubereitet. Es kann auch zum Binden von kalten und warmen Gerichten verwendet werden. Hergestellt wird es, indem die geschälten, halbierten und schonend gerösteten Samen fein vermahlen werden. Kichererbsenmehl ist in Reformhäusern und Naturkostfachgeschäften, in türkischen Lebensmittelgeschäften und in gut sortieren Supermärkten erhältlich.

Artischocken vorbereiten

Die Artischocke blieb in Frankreich bis zum Anfang des 19. Jahrhunderts vor allem dem Adel vorbehalten, da das genussvolle Verspeisen von Artischocken *(Artichauts)* als Zeichen von Reichtum und gehobener Lebensart galt. Heute sind die dunkelgrünen oder violetten Distelgewächse für die meisten Franzosen erschwinglich. Nicht nur die Bretagne im Norden, sondern auch die Provence bieten ideale Anbaubedingungen.

In der Küche ist die Artischocke vielfältig einsetzbar, man kann sie kochen oder schmoren, kalt oder warm genießen, die Blätter mit Dip »auslutschen«, die Böden und Herzen dünsten und zu herzhaften Cremes verarbeiten, füllen oder überbacken. Vor dem Kochen müssen Artischocken zurechtgeschnitten werden. Dazu den Stiel, die oberen Spitzen und die äußeren harten Blätter mit zum Beispiel einer Schere abschneiden. Dann die in der Mitte der Artischocke liegenden Fäden, das Heu, großzügig entfernen. Nach dem Anschneiden müssen Artischocken sofort in mit Essig oder Zitronensaft gesäuertes Wasser gelegt werden, weil die Schnittflächen an der Luft sonst oxidieren und braun anlaufen. Wirklich schmackhaft sind nur die inneren, zarten Blätter und die Blütenböden.

Artischocken sollten beim Kauf noch fest sein und keine braunen Blätter oder Spitzen aufweisen.

Tomaten schälen

Eine Tomate schälen? Das klingt komplizierter, als es in Wirklichkeit ist. Als Erstes entfernt man den Stiel (falls noch vorhanden) und schneidet die Tomate am Blütenansatz (gegenüber vom Stielansatz) kreuzförmig ein. Dann gibt man sie in einen Topf mit kochendem Wasser oder übergießt sie in einer Schüssel mit kochend heißem Wasser und lässt sie kurz darin ziehen. Sobald sich die Schale an den Einschnitten zu lösen beginnt, kann man die Tomate in ein Sieb geben. Nachdem man die Frucht kurz mit kaltem Wasser abgespült hat, lässt sich die Schale leicht abziehen.

Zitrusschalen in Zesten schneiden

Die Schalen von Zitrusfrüchten sind sehr aromatisch und können zum Verfeinern von herzhaften und süßen Speisen, von Backwaren und Getränken verwendet werden. Eine Möglichkeit, die Fruchtschale für diesen Zweck zu lösen, besteht darin, sie mit einer feinen Reibe abzureiben. Besonders hübsch sieht es aus, wenn man die Schale in hauchdünnen Streifen, den Zesten, ab-

löst. Das funktioniert am besten
mit einem Zestenreißer, dessen
Klinge mit scharfkantigen
kleinen Löchern versehen
ist. Der Zestenreißer stellt
sicher, dass man nur Tei-
le der äußeren Frucht-
schale und nicht die
bitterstoffhaltige, weiße
Unterschale ablöst.

Sollte Sie keinen Zes-
tenreißer zur Hand ha-
ben, können Sie mit einem
scharfen Messer ein Stück
von der äußeren Fruchtschale
abschneiden und dieses in sehr feine Streifen schneiden.

Da Zitrusfrüchte im konventionellem
Anbau mit chemischen Pflanzenschutzmitteln gespritzt und mit Konservie-
rungsmitteln und Wachsen behandelt werden, sollten Sie nur Schalen von
unbehandelten Zitronen und Orangen aus ökologischem Anbau verwenden!

Getrocknete Hülsenfrüchte einweichen und kochen

Hülsenfrüchte, also die getrockneten Samen von Bohnen, Erbsen, Kichererbsen und Linsen, werden in der provenzalischen Küche gern und vielfältig verwendet. Im rohen Zustand enthalten sie Giftstoffe, die erst durch Kochen oder
Keimen unschädlich werden. Vor dem Garen müssen sie – mit Ausnahme der
Linsen – etwa 12 Stunden in der dreifachen Menge Wasser einweichen. Danach gießt man das Einweichwasser für eine bessere Bekömmlichkeit ab. Gut
gequollene Hülsenfrüchte benötigen zum Garen nicht mehr so viel Kochwasser, sodass es ausreicht, sie zum Kochen nur leicht mit Wasser zu bedecken
und bei geringer Temperatur zu garen. Salz oder salzhaltige Würzmittel sowie
säurereiches Gemüse wie Tomaten sollten immer erst zum Ende der Garzeit
zugegeben werden, weil sie den Garprozess verzögern.

Nach dem Einweichen benötigen Hülsenfrüchte im normalen Topf folgende Kochzeiten: weiße Bohnen etwa 60 Minuten, Kichererbsen 30 bis 45 Minuten, braune Tellerlinsen (Einweichen nicht nötig) etwa 45 Minuten, grüne
Linsen (Einweichen nicht nötig) 25 bis 30 Minuten.

In einem Schnellkochtopf sind Hülsenfrüchte deutlich schneller gar. Bei dieser Garmethode sollten sie immer kalt und ohne vorheriges Einweichen aufgesetzt werden. Da sie stark schäumen können, sollten sie bei offenem Topf zum Kochen gebracht und vor dem Schließen des Topfes abgeschäumt werden. Wichtig ist auch, den Schnellkochtopf immer nur halb zu füllen!

Hülsenfrüchte lassen sich auch gut einfrieren. Dazu gibt man die gekochten Hülsenfrüchte in einen Durchschlag, spült sie mit klarem Wasser ab und lässt sie danach sehr gut abtropfen. Dann füllt man sie portionsweise in Gefrierbeutel oder tiefkühlgeeignete Dosen, in denen sie sechs bis acht Wochen in der Tiefkühltruhe bleiben können.

Mandeln enthäuten

In vielen Rezepten werden enthäutete Mandeln verwendet. Die braunen Häutchen lösen sich leicht, wenn die Mandeln vorher in heißem Wasser ziehen konnten. Dazu die ungeschälten Mandeln entweder in einen Topf mit kochendem Wasser geben, kurz aufkochen lassen, danach in einen Durchschlag gießen, mit kaltem Wasser abspülen und abtropfen lassen. Oder die ungeschälten Mandeln in eine Schüssel geben, mit kochend heißem Wasser übergießen und etwa 10 Minuten ziehen lassen. Danach wie bei der anderen Methode verfahren. Nun können die Mandeln leicht aus den Häutchen gedrückt werden. Bevor man sie hackt oder mahlt, sollten sie trocknen.

Mandelmilch und Reismilch herstellen

In der Provence wird traditionell nur wenig Kuhmilch getrunken. Das liegt einerseits an den meist hohen Temperaturen, die von Ende April bis Ende September herrschen und frische Milch schnell verderben. Außerdem ist die teilweise karge Landschaft nur bedingt für Milchwirtschaft geeignet. Weil im milden Klima jedoch Mandelbäume gut gedeihen und üppige Ernten bringen, nutzt man die Vielfältigkeit dieser Steinfrucht und stellt ein milchähnliches, erfrischendes Getränk her, das an heißen Sommertagen kalt getrunken wird.

Hausgemachte Mandelmilch (siehe nebenstehendes Rezept) wie auch Reismilch (siehe Rezept auf Seite 40) sind schnell zubereitet. Sie schmecken kalt, können aber auch wie andere Pflanzenmilch aus Sojabohnen, Dinkel oder Hafer zum Kochen und Backen verwendet werden.

Rezept: Mandelmilch
Lait d'amande

200 g Mandeln
500 ml kochend heißes Wasser
1 l kaltes Wasser
2 – 3 TL Roh-Rohrzucker
2 MSP feines Meersalz

- Die Mandeln mit dem kochend heißen Wasser übergießen und mindestens 4 Stunden, gern auch über Nacht, einweichen lassen.
- Die Mandeln in einen Durchschlag geben, kurz mit klarem Wasser abspülen und etwas abtropfen lassen. Danach mit dem frischen Wasser, dem Zucker und Salz in den Mixbehälter der Küchenmaschine geben und auf der höchsten Stufe sehr fein zerkleinern. Falls der Mixbehälter Ihrer Küchenmaschine nicht groß genug ist, die Mandelmilch in zwei oder drei Portionen zubereiten. Sollten sich Mandelreste am Rand des Mixbehälters absetzen, diese mit Hilfe eines Löffels oder Spatels nach unten drücken, damit auch sie fein zerkleinert werden.
- Die Masse in einen Durchschlag, der mit einem frischen, nicht zu dicken Geschirrtuch oder Mulltuch ausgelegt ist, abgießen. Die Mandelmilch auffangen.
- Die Ecken des Geschirrtuches übereinanderlegen und die Mandelmasse mit den Händen so lange auspressen, bis keine Flüssigkeit mehr austrat.
- Die frische Mandelmilch bei Raumtemperatur oder auch gut gekühlt genießen beziehungsweise nach Belieben weiterverarbeiten.
- Im Kühlschrank hält sich die Mandelmilch 2 – 3 Tage.

☐ Diese Mandelmilch ist sehr aromatisch. Wenn Sie einen etwas milderen Geschmack vorziehen, können Sie die Mandeln vor dem Einweichen enthäuten. Ein Rezept dafür, wie Sie die übrig gebliebenen gemahlenen Mandeln weiterverwenden können, finden Sie auf Seite 140.

Rezept: Reismilch
Lait de riz

200 g gekochter Vollkornreis
1 – 2 TL Roh-Rohrzucker
1 MSP feines Meersalz
1 l kaltes Wasser

- Den Reis mit dem Zucker, Salz und der Hälfte des Wassers in den Mixbehälter der Küchenmaschine geben und alles auf höchster Stufe so lange zerkleinern, bis die Flüssigkeit milchig weiß ist.
- Das verbliebene Wasser hinzufügen und alles nochmals gründlich durch-mixen. Die Reismilch 2 – 3 Stunden an einem kühlen Ort ziehen lassen. Danach noch einmal gründlich durchrühren.
- Einen Durchschlag mit einem frischen, nicht zu dicken Geschirrtuch oder Mulltuch auslegen und die Reismilch dadurch abseihen.
- Im Kühlschrank hält sich frische Reismilch 2 – 3 Tage.

☐ Falls der Mixbehälter Ihrer Küchenmaschine nicht groß genug ist, können Sie die Reismilch in zwei bis drei Portionen zubereiten. Mit einem leistungsstarken Pürierstab können Sie den Reis, Zucker und das Salz mit der Hälfte des Wassers alternativ in ein hochwandiges Gefäß geben und mit dem Pürierstab zerkleinern. Fügen Sie dann den Rest des Wassers hinzu und pürieren Sie alles nochmals kurz.

Mandelsahne herstellen

Mandelmilch wird noch cremiger und »sahniger«, wenn man fein gemahlene Mandeln und etwas Öl hinzufügt. Die so entstandene Mandelsahne kann wie andere rein pflanzliche Sahneprodukte aus Sojabohnen, Hafer, Reis und Dinkel zum Kochen und Backen verwendet werden.

Rezept: Mandelsahne
Crème végétale

150 g Mandeln
150 ml Mandelmilch oder Reismilch (siehe Seite 39 oder 40)
2 EL Sonnenblumenöl oder Rapsöl
1 EL frisch gepresster Zitronensaft
1 MSP feines Meersalz

- Die Mandeln enthäuten und im Mixbehälter der Küchenmaschine staubfein zerkleinern (siehe auch Seite 38).
- Die übrigen Zutaten hinzufügen und alles gründlich pürieren. Dabei des Öfteren die Mandelmasse mit einem Löffel oder Spatel von den Gefäßwänden nach unten drücken, sodass die Zutaten gleichmäßig vermischt werden.
- Im Kühlschrank hält sich die Mandelsahne 3 – 4 Tage.

☐ Für süße Mandelsahne, die Sie zum Beispiel zur Schokoladentorte von Seite 148 oder den *Crêpes* von Seite 142 servieren können, fügen Sie noch 2 MSP Vanillemark sowie 2 – 3 EL fein gesiebten Puderzucker hinzu.

Zu feuchte oder zu trockene Teige verbessern

Herzhafte und süße Teige sollten nach dem Kneten geschmeidig, glatt und ein wenig glänzend sein. Mitunter kann es passieren, dass sie noch zu feucht sind und an den Fingern und der Schüssel kleben. Dann hilft es, noch etwas zusätzliches Mehl unterzukneten. Sind die Teige dagegen zu trocken geraten, sodass der Teig noch krümelig erscheint oder beim Ausrollen reißt, kann noch etwas Flüssigkeit untergemischt werden.

Hinweise zu den Rezepten

So weit nicht anders angegeben, sind die Rezepte für 4 Personen berechnet.

Abkürzungen
EL = Esslöffel
TL = Teelöffel
MSP = Messerspitze
Esslöffel und Teelöffel sind beim Messen stets gestrichen gefüllt.

Gewürzmengen
Die Angaben zu den Mengen der verwendeten Gewürze und Kräuter, des verwendeten Knoblauchs und der verwendeten Zwiebeln dürfen Sie als Richtwerte verstehen. Entscheiden Sie bitte im Einzelfall, was Ihnen schmeckt und bekommt und wie viel Sie davon verwenden möchten.

Knoblauch in der provenzalischen Küche
In der provenzalischen Küche spart man nicht an Knoblauch und es wird in der Regel als ganz normal empfunden, wenn man nach einem guten Essen ein wenig nach Knoblauch »duftet«. Wenn Ihr Umfeld auf Knoblauch empfindlich reagiert, können Sie die in den Rezepten angegebenen Mengen nach Ihrem Ermessen reduzieren. Knoblauch wird bekömmlicher und der Geruch reduziert, wenn Sie den grünen Keim in der Mitte der Zehe entfernen. In etwas Olivenöl oder Gemüsebrühe angeschwitzter Knoblauch ist besser verträglich als die rohen Zehen. Wenn Sie außer mit Knoblauch zudem mit reichlich frischer Petersilie würzen, werden die Geruchsstoffe besser gebunden. Nach Knoblauch riechende Finger müssen ebenfalls nicht sein. Hier hilft es, die Hände mit grobem Meersalz oder frisch gepresstem Zitronensaft einzureiben.

Vegane Zutaten
In den Rezepten werden verarbeitete Zutaten wie Blätterteig, Senf, Margarine, Nudeln und Zartbitterschokolade sowie einige Kräuter- und Gewürzmischungen verwendet.

Bitte beachten Sie, dass damit Produkte mit ausschließlich pflanzlichen Bestandteilen gemeint sind. Lesen Sie im Zweifelsfall die Zutatenliste oder wenden Sie sich an den Hersteller.

Zu den Backtemperaturen
Die angegebenen Temperaturen und Backzeiten gelten für einen auf die benötigte Temperatur vorgeheizten Elektrobackofen mit Umluftfunktion, sofern im Rezept nicht ausdrücklich anders erwähnt. Bei anderen Arten der Hitzezufuhr richten Sie sich bitte nach den Herstellerangaben für Ihren Ofen.

Kalte und warme Vorspeisen
Entrées froides et chaudes

Tomaten-Melonen-Salat
Salade tomates cerises melon

5 – 6 EL Pinienkerne
1 Cavaillon-Melone, Cantaloupe-Melone oder Honigmelone
500 g Mini-Roma-Tomaten oder Kirschtomaten
4 kleine Frühlingszwiebeln
5 EL Olivenöl
3 EL Rotweinessig
3 – 4 EL fein gehacktes Basilikum
2 – 3 MSP scharfes Paprikapulver
Meersalz
frisch gemahlener weißer Pfeffer

- Die Pinienkerne in der trockenen Pfanne kurz anrösten, bis sie duften.
- Die Melone halbieren und die Kerne entfernen. Mit einem Kugelausstecher oder einem scharfkantigen Löffel das Fruchtfleisch in kleinen Kugeln ausstechen und in eine Schüssel geben.
- Die Tomaten halbieren, die Frühlingszwiebeln in feine Scheiben schneiden und beides zu den Melonenkugeln in die Schüssel geben.
- Die Pinienkerne hinzufügen.
- Das Öl, den Essig, das Basilikum und Paprikapulver zu einem Dressing verrühren und vorsichtig mit dem Tomaten-Melonen-Salat vermischen. Den Salat mit Salz und Pfeffer abschmecken, kurz (etwa 5 Minuten) ziehen lassen und servieren.

Bohnensalat mit Pinienkernen und Mandeln
Salade de haricots verts aux pignons et aux amandes

Für den Salat:
500 g grüne Bohnen
500 ml kochend heißes Wasser
Meersalz
5 – 6 EL Mandelstifte
5 – 6 EL Pinienkerne
12 getrocknete und in Öl eingelegte Tomaten
frisch gemahlener schwarzer Pfeffer

Für das Dressing:
1 Knoblauchzehe
2 EL frisch gepresster Zitronensaft
1 TL grobkörniger Senf (Moutarde à l'ancienne)
5 – 6 EL Olivenöl (50 – 60 ml)

- Für den **Salat** die Bohnen putzen und halbieren.
- Die Bohnen in einen Topf geben und mit dem kochend heißen Wasser übergießen. 1 TL Salz hinzufügen und die Bohnen unter gelegentlichem Rühren etwa 10 Minuten bissfest garen.
- In der Zwischenzeit die Mandelstifte und Pinienkerne in der trockenen Pfanne kurz anrösten, bis sie duften. Vor der Weiterverwendung abkühlen lassen. Die Tomaten etwas abtropfen lassen und in Streifen schneiden.
- Die Bohnen in einen Durchschlag geben, mit kaltem Wasser abschrecken und gut abtropfen lassen. Dann mit den Tomaten in eine Salatschüssel geben.
- Für das **Dressing** den Knoblauch schälen, zerdrücken und mit dem Zitronensaft, Senf und Öl verrühren.
- Das Dressing zum Salat geben und vorsichtig vermischen. Den Salat herzhaft mit Salz und Pfeffer abschmecken, die Mandelstifte und Pinienkerne unterziehen und den Salat servieren.

»Gebadetes« Brot aus Nizza
Pan bagnat

Für die Füllung:
250 g grüne Bohnen
Meersalz
4 Tomaten
4 Frühlingszwiebeln
2 rote Paprikaschoten
1 gelbe Paprikaschote
2 Stangen Staudensellerie
1 kleine Salatgurke
100 g schwarze Oliven
5 – 6 EL Olivenöl (50 – 60 ml)
2 – 3 EL Rotweinessig
4 EL fein gehackte Petersilie
2 EL fein gehacktes Basilikum
2 EL fein gehackter Schnittlauch
frisch gemahlener schwarzer Pfeffer

Für das »gebadete« Brot:
4 kleine, runde Pan-bagnat-Brote,
  ersatzweise 2 Baguettes (à 250 g)
4 Knoblauchzehen
8 EL Olivenöl (80 ml)
8 Salatblätter

- Für die **Füllung** die grünen Bohnen in etwas Salzwasser garen, bis sie weich, aber noch bissfest sind. Mit kaltem Wasser abschrecken und gut abtropfen lassen.
- Die Tomaten in dünne Spalten, die Frühlingszwiebeln in feine Scheiben und die Paprika in feine Streifen schneiden. Den Staudensellerie würfeln und die Salatgurke in feine Scheiben hobeln.
- Die Oliven entsteinen und grob hacken. Mit den Bohnen und dem anderen Gemüse in eine Salatschüssel geben.
- Das Öl, den Essig und die fein gehackten Kräuter zu einem Dressing verrühren. Herzhaft mit Salz und Pfeffer würzen. Das Dressing zum Gemüse geben, alles gut vermischen und gut 5 Minuten ziehen lassen.
- Für das **gebadete** Brot die Brote aufschneiden.

- Die Knoblauchzehen schälen, der Länge nach halbieren und die Brothälften damit einreiben.
- Danach jede Brothälfte mit 1 EL Olivenöl beträufeln. Auf jede der unteren Brothälften zwei Salatblätter geben und eine Portion Bohnensalat darauf verteilen. Die Brote zusammenklappen und servieren.

☐ Neben den im Rezept aufgeführten Zutaten kann der *Pan bagnat* zarte Dicke-Bohnen-Schösslinge, grüne Paprikaschoten, frische Baby-Artischocken oder Artischockenherzen sowie Radieschen enthalten.

»*Pan bagnat*« ist ein Begriff aus dem Dialekt, den man in Nizza und Umgebung spricht, und bedeutet auf Französisch »*Pain mouillé*«, also ein in Olivenöl »gebadetes« Brot. Die Zutaten entsprechen denen des ebenso bekannten Nizzasalates *(Salade niçoise)*, nur dass beim *Pan bagnat* die Salatschüssel in Form eines runden Brotes gleich mitgeliefert wird.

Früher war der *Pan bagnat* der klassische Morgenimbiss der Fischer und Hafenarbeiter, heute ist er sowohl bei den Einwohnern von Nizza als auch bei den Touristen gleichermaßen beliebt. Aus diesem Grund gibt es in der Stadt unzählige Bäckereien und Imbissstände, von denen das gefüllte Brot angeboten wird.

Feigen-Carpaccio mit karamellisierten Walnüssen
Carpaccio de figues et noix caramélisées

12 frische Feigen
4 TL fein gehackter Rosmarin
70 ml Rotweinessig
3 EL Roh-Rohrzucker
1 Frühlingszwiebel
4 EL Olivenöl

Für die karamellisierten Walnüsse:
120 g Walnusskerne
4 EL Roh-Rohrzucker
4 EL Olivenöl
2 EL Wasser
½ – 1 TL Meersalz
frisch gemahlener schwarzer Pfeffer

- Die Feigen in dünne Scheiben schneiden. Jeweils 3 Feigen fächerförmig auf einem flachen Teller anordnen. Mit dem Rosmarin überstreuen.
- Den Essig und Zucker in eine Pfanne geben und so lange unter Rühren leicht erhitzen, bis sich der Zucker aufgelöst hat. Die Temperatur erhöhen und den Essig etwas einkochen lassen. Dann die Pfanne vom Herd nehmen und die Feigen mit dem eingekochten Essig beträufeln.
- Für die **karamellisierten Walnüsse** die Walnusskerne grob hacken.
- Den Zucker mit dem Öl, Wasser und Salz in eine Pfanne geben und so lange unter Rühren erhitzen, bis der Zucker anfängt, zu karamellisieren. Die Walnüsse hinzufügen und so lange rühren, bis sie vom Karamell überzogen sind. Mit etwas Pfeffer würzen.
- Die Walnüsse auf den Feigen verteilen.
- Das Grün der Frühlingszwiebel in sehr feine Scheiben schneiden und das Feigen-Carpaccio damit überstreuen. (Die weiße Zwiebel anderweitig verwenden.)
- Jede Portion mit 1 EL Olivenöl überträufeln und das Feigen-Carpaccio servieren.

Artischocken mit Vinaigrette
Artichauts à la vinaigrette

4 große Artischocken
Meersalz
etwas Weißweinessig

Für die Vinaigrette:
½ Bund glatte Petersilie
½ Bund Schnittlauch
1 Schalotte
1 – 2 Knoblauchzehen
4 EL fein gehacktes Basilikum
2 TL mittelscharfer Senf
1 TL scharfer Dijon-Senf (Moutarde de Dijon)
   oder ein anderer scharfer Senf
2 – 3 EL Weißweinessig
1 TL Roh-Rohrzucker
100 ml kaltes Wasser oder abgekühlte Gemüsebrühe
5 EL Sonnenblumenöl
5 EL Olivenöl
Meersalz
frisch gemahlener schwarzer Pfeffer

- Die Artischocken wie auf Seite 36 beschrieben vorbereiten.
- Danach in leicht gesalzenes und mit Essig gesäuertes Wasser geben und etwa 30 Minuten bissfest garen. Die Artischocken sind gar, wenn sich die Blätter leicht abzupfen lassen. Die Artischocken in einen Durchschlag geben und abkühlen lassen.
- Für die **Vinaigrette** die Petersilie fein hacken, den Schnittlauch in feine Röllchen schneiden. Die Schalotte und die Knoblauchzehen schälen und sehr fein hacken. Schalotte, Knoblauchzehen sowie die fein gehackten Kräuter mit dem Senf, Essig, Zucker und Wasser verrühren. Nach und nach das Öl dazugeben und so lange rühren, bis die Vinaigrette schön cremig ist. Mit Salz und Pfeffer abschmecken.
- Zum Essen die Artischockenblätter Blatt für Blatt abziehen, die fleischigen Blattenden in die Vinaigrette tunken und auslutschen. Zum Schluss den Artischockenboden mit Vinaigrette beträufeln und als kulinarisches »Herzstück« verzehren.

Auberginenkaviar
Caviar d'aubergines

2 mittelgroße Auberginen
2 Fleischtomaten
2 Schalotten
2 – 3 Knoblauchzehen
20 schwarze Oliven
1 EL fein gehackter Oregano
3 – 4 EL Olivenöl
2 MSP scharfes Paprikapulver
Meersalz
frisch gemahlener schwarzer Pfeffer

- Die Auberginen kurz abbrausen und trockentupfen, dann mit einer Gabel mehrmals in die Haut einstechen. Die Auberginen auf ein Backblech geben und im Backofen bei 200 °C gut 20 Minuten backen, bis sie weich sind. Dann in ein feuchtes Geschirrtuch einschlagen und etwas abkühlen lassen.
- In der Zwischenzeit die Tomaten enthäuten (siehe Seite 36), entkernen und das Fruchtfleisch sehr fein würfeln.
- Die Schalotten und Knoblauchzehen schälen und sehr fein hacken. Die Oliven entsteinen und ebenfalls sehr fein hacken.
- Die Häute von den Auberginen abziehen, die Samenstränge entfernen und das Fruchtfleisch sehr fein hacken. Vorsichtig mit den Schalotten, Knoblauchzehen, Tomaten und Oliven vermischen.
- Den Oregano, das Öl und Paprikapulver unterrühren und die Zubereitung herzhaft mit Salz und Pfeffer abschmecken. Den Auberginenkaviar etwa 30 Minuten abgedeckt im Kühlschrank ziehen lassen und danach mit Baguette oder geröstetem Knoblauchbrot (siehe Seite 51) servieren.

Geröstetes Knoblauchbrot
Brissaouda

4 große Scheiben Landbrot (Pain de campagne) *oder Roggenmischbrot*
4 große Knoblauchzehen
5 – 6 EL Olivenöl (50 – 60 ml, falls erwünscht, auch mehr)
feines Meersalz, vorzugsweise Fleur de sel

- Das Brot im Backofen oder in der trockenen Pfanne von beiden Seiten goldbraun rösten.
- Die Knoblauchzehen schälen, der Länge nach halbieren und die gerösteten Brotscheiben damit kräftig einreiben.
- Das Brot mit dem Öl beträufeln, mit etwas Salz bestreuen und servieren.

☐ Geröstetes Knoblauchbrot wird in der Provence, vor allem im ländlichen Raum bei den Bauern und Winzern, gern als kleiner morgendlicher Imbiss eingenommen. Es kann aber auch als kleine Vorspeise oder als Beilage zu einem Salat oder einer Suppe, zu *Ratatouille* (siehe Seite 92) und *La Bohémienne* (siehe Seite 84) serviert werden.

Auberginen-Maronen-Pastete
Paté d'aubergines et de marrons

1 kleine Zwiebel
1 – 2 Knoblauchzehen
2 – 3 EL Olivenöl
1 kleine Aubergine
75 ml trockener Rotwein,
*   ersatzweise Gemüsebrühe mit 1 EL Rotweinessig*
150 g gekochte Maronen
5 EL (Vollkorn-)Semmelbrösel
4 EL blanchierte und gemahlene Mandeln
2 EL Tomatenmark
2 EL fein gehackte glatte Petersilie
1 EL fein gehackter Thymian
1 TL Rotweinessig
Meersalz
frisch gemahlener schwarzer Pfeffer
Olivenöl für die Formen

- Die Zwiebel und den Knoblauch schälen, mittelfein hacken und im heißen Öl anschwitzen.
- Die Aubergine mittelfein würfeln und zur Zwiebel und zum Knoblauch in den Topf geben. Leicht anbräunen, dann mit dem Rotwein ablöschen.
- Die grob gehackten Maronen hinzufügen und alles so lange unter gelegentlichem Rühren schmoren, bis die Aubergine weich ist.
- Das Auberginengemüse mit dem Pürierstab zu einer glatten Creme pürieren. Die Semmelbrösel und Mandeln, das Tomatenmark, die Petersilie, den Thymian und Rotweinessig unterrühren und die Zubereitung mit Salz und Pfeffer abschmecken.
- Das Auberginengemüse in vier gut eingeölte kleine Soufflé- oder Crème-brulée-Formen geben und glatt streichen. Die Pasteten in den nicht vorgeheizten Backofen geben, die Temperatur auf 200 °C einstellen und die Pasteten etwa 40 Minuten backen.
- Noch heiß oder auch abgekühlt servieren.

Knoblauchbaguette
Pain à l'ail

2 – 3 große Knoblauchzehen (falls erwünscht, auch mehr)
100 g streichfähige hochwertige Pflanzenmargarine
2 TL frisch gepresster Zitronensaft
4 MSP abgeriebene Zitronenschale
4 – 5 MSP scharfes Paprikapulver
4 – 5 EL fein gehackte glatte Petersilie
feines Meersalz
frisch gemahlener weißer Pfeffer
1 Baguette (à 250 g)

- Die Knoblauchzehen schälen und zerdrücken.
- Die Margarine mit dem Knoblauch vermischen. Den Zitronensaft, die Zitronenschale, das Paprikapulver und die Petersilie unterrühren und die Knoblauchmargarine mit Salz und Pfeffer abschmecken.
- Das Baguette der Länge nach aufschneiden.
- Die Baguettehälften auf ein Backblech geben und bei 200 °C im Backofen so lange rösten, bis sie etwas kross und leicht gebräunt sind.
- Die Knoblauchmargarine großzügig auf den Baguettehälften verteilen und das Brot servieren.

☐ Der Knoblauch schmeckt etwas weniger intensiv, wenn Sie die Zehen sehr fein hacken und in 1 TL Margarine anschwitzen. Vermischen Sie die angeschwitzten und abgekühlten Knoblauchzehen dann mit der Margarine und den restlichen Zutaten wie im Rezept beschrieben.

Gratiniertes Zwiebelgemüse
Gratin d'oignons avignonnaise

8 mittelgroße Zwiebeln (insgesamt etwa 1 kg)
6 – 7 EL Olivenöl (60 – 70 ml)
2 TL Puderzucker
2 EL frisch gepresster Zitronensaft
1 EL fein gehackter Thymian
4 MSP abgeriebene Zitronenschale
2 EL Weizenmehl (Type 1050)
250 ml Mandelsahne (siehe Seite 41)
20 entsteinte grüne Oliven
3 – 4 EL fein gehackte glatte Petersilie
Meersalz
scharfes Paprikapulver
Olivenöl für die Suppentassen
3 – 4 EL (Vollkorn-)Semmelbrösel

- Die Zwiebeln schälen, halbieren und in feine Halbmonde schneiden.
- 3 – 4 EL Olivenöl in einer großen Pfanne oder einem Schmortopf erhitzen und die Zwiebeln darin anschwitzen.
- Den Zucker, Zitronensaft, Thymian und die Zitronenschale zu den Zwiebeln geben und alles so lange unter gelegentlichem Rühren schmoren, bis die Zwiebeln weich sind.
- Das Mehl über das Zwiebelgemüse stäuben und unterrühren.
- Die Mandelsahne dazugeben und das Gemüse nochmals kurz zum Kochen bringen. Dann die Temperatur deutlich reduzieren und die in feine Scheiben geschnittenen Oliven und die Petersilie unterziehen. Alles nochmals 2 – 3 Minuten schmoren, dann mit Salz und Paprikapulver abschmecken.
- Das Zwiebelgemüse auf vier gut eingeölte feuerfeste Suppentassen verteilen und mit den Semmelbröseln überstreuen. Mit den verbliebenen 3 EL Öl überträufeln und im Backofen bei 200 °C mit eingeschalteter Oberhitze oder Grill etwa 10 Minuten gratinieren.

☐ Zwiebelgemüse wird in der Region von Avignon gern auf diese Art zubereitet. Falls Sie Abwechslung lieben, können Sie anstelle der grünen Oliven schwarze Oliven verwenden oder 10 grüne und 10 schwarze Oliven zum Zwiebelgemüse geben. Zusätzlich können Sie noch 2 EL eingelegte und fein gehackte Kapern hinzufügen.

Kichererbsenplätzchen
Les Panisses

100 g entsteinte schwarze Oliven
1 l Wasser
1 ½ TL Meersalz
3 EL Olivenöl
300 g geröstetes Kichererbsenmehl
2 EL fein gehackter Rosmarin
3 – 4 MSP frisch gemahlener weißer Pfeffer
Olivenöl zum Braten

- Eine Kastenform (30 cm Länge) mit Frischhaltefolie auskleiden. Dabei auf den beiden langen Seiten die Folie etwa 10 cm überstehen lassen.
- Die Oliven fein hacken (zum Beispiel mit dem Universalzerkleinerer).
- Die Hälfte des Wassers mit dem Salz und Öl zum Kochen bringen. Die Temperatur auf knapp mittlere Temperatur reduzieren und das Kichererbsenmehl unter ständigem kräftigen Rühren einrieseln lassen, sodass ein Teig entsteht. Unter weiterem kräftigen Rühren das verbliebene Wasser unterrühren.
- Den Topf kurz vom Herd nehmen und den Teig mit dem Pürierstab durcharbeiten, damit sich die meisten Klümpchen auflösen (ein paar werden immer übrig bleiben).
- Den Topf zurück auf den Herd geben und den Teig 15 Minuten unter ständigem Rühren köcheln lassen. Zum Ende der Kochzeit die Oliven, den Rosmarin und Pfeffer unterrühren.
- Den Teig in die Kastenform füllen und glatt streichen. Die überstehende Folie zur Mitte hin über den Teig schlagen. Den Teig mit den Fingern vorsichtig in die Form drücken, damit vorhandene Hohlräume verschwinden. Die übergeschlagene Folie zum folgenden Abkühlen und Ruhen wieder vom Teig entfernen.
- Die Kastenform mit einem Geschirrtuch abdecken und den Teig auf Zimmertemperatur abkühlen lassen. Danach die abgedeckte Kastenform in den Kühlschrank stellen und 10 – 12 Stunden oder auch über Nacht ruhen lassen.
- Den fest gewordenen Teig auf ein großes Brett stürzen, die Folie entfernen und den Teig in etwa 1 cm dicke Scheiben schneiden. Die Scheiben in der Pfanne von beiden Seiten in reichlich Öl schön knusprig braten und noch heiß genießen.

Diese Spezialität stammt ursprünglich aus dem italienischen Ligurien, ist heute aber vor allem in der Region von Nizza bis nach Marseille sehr beliebt. Man genießt die frisch frittierten oder – wie hier im Rezept vorgeschlagen – in der Pfanne ausgebackenen *Panisses* gern als kleine Vorspeise oder kauft sie als kleinen Snack für zwischendurch und isst sie als Fingerfood direkt aus der Hand.

Suppen und Eintöpfe
Soupes et potages

Geeiste Melonensuppe
Soupe de melon glacée

4 kleine Cavaillon-Melonen (à 500 g),
   ersatzweise Charentais-, Cantaloupe- oder sehr kleine Galia-Melonen
4 Scheiben Vollkorntoast
frisch gepresster Saft einer Zitrone
4 EL Olivenöl
12 Blätter Zitronenmelisse
6 Blätter Basilikum
200 ml kalte Mandelsahne (siehe Seite 41)
2 – 3 MSP scharfes Paprikapulver
Meersalz
frisch gemahlener weißer Pfeffer

- Die Melonen vor der Verwendung im Kühlschrank gut durchkühlen lassen.
- Von den Melonen jeweils einen Deckel abschneiden. Die Kerne entfernen und das Fruchtfleisch mit einem Kugelausstecher oder einem scharfkantigen Löffel auskratzen. Dabei die Schalen der Melonen nicht verletzen.
- Den Toast in grobe Würfel schneiden. Das Fruchtfleisch mit den Brotwürfeln, dem Zitronensaft, Öl und den Kräutern im Mixbehälter der Küchenmaschine oder mit dem Pürierstab sehr fein pürieren (eventuell in zwei oder drei Portionen).
- Die Mandelsahne und das Paprikapulver unterrühren und die Suppe herzhaft mit Salz und Pfeffer abschmecken.
- Die Suppe in die ausgehöhlten Melonen füllen, die Deckel aufsetzen und nochmals etwa 30 Minuten im Kühlschrank ziehen lassen.
- Vor dem Servieren die Suppe kurz durchrühren.

Kalte Zucchini-Tomaten-Suppe
Soupe froide de courgettes et tomates

für 4 – 6 Portionen

2 Schalotten
2 Knoblauchzehen
2 EL Olivenöl
2 große Zucchini
4 große Tomaten
500 ml Gemüsebrühe
5 EL Tomatenmark
4 EL fein gehacktes Basilikum
1 TL fein gehackter Rosmarin
Meersalz
frisch gemahlener schwarzer Pfeffer

- Die Schalotten und Knoblauchzehen schälen und grob zerkleinern. Danach im heißen Öl anschwitzen.
- Die Zucchini und Tomaten würfeln und zu den Schalotten und Knoblauchzehen in den Topf geben. Ebenfalls kurz anschwitzen, dann die Gemüsebrühe hinzufügen und das Gemüse unter gelegentlichem Rühren etwa 20 Minuten sehr weich kochen.
- Das Gemüse mit dem Pürierstab pürieren. Tomatenmark, Basilikum und Rosmarin unterrühren und die Suppe nochmals 2 – 3 Minuten köcheln lassen. Danach herzhaft mit Salz und Pfeffer abschmecken.
- Die Suppe vor dem Servieren im Kühlschrank gut durchkühlen lassen (gern auch über Nacht). Vor dem Servieren, falls notwendig, mit etwas zusätzlichem Salz und Pfeffer abschmecken.

□ Diese sehr aromatische Suppe ist eine leichte Mahlzeit an heißen Sommertagen. Wenn Sie möchten, können Sie jede Portion zusätzlich mit 1 – 2 EL *Pistou* (siehe Seite 69) verfeinern.

Bohnencremesuppe mit Salbei
Crème de haricots géants parfumée à la sauge

500 g getrocknete weiße Riesenbohnen
Wasser zum Einweichen und Kochen der Bohnen
1 kleiner Zweig Bohnenkraut
1 Zwiebel
3 Knoblauchzehen
5 – 6 EL Olivenöl (50 – 60 ml)
1 l Wasser
8 Blätter Salbei
2 – 3 Lorbeerblätter
Meersalz
1 Bund glatte Petersilie
2 EL frisch gepresster Zitronensaft
16 schwarze Oliven
100 ml Mandelsahne (siehe Seite 41)
frisch gemahlener weißer Pfeffer

- Die Bohnen in reichlich Wasser über Nacht einweichen. Das Einweich-
  wasser abgießen und die Bohnen mit frischem Wasser in einen Topf
  geben. Mit dem Bohnenkraut etwa 60 Minuten sehr weich kochen (siehe
  Seite 37). Die Bohnen in einen Durchschlag geben und das Bohnenkraut
  entfernen.
- Die Zwiebel und den Knoblauch schälen, fein hacken und in 1 – 2 EL
  Olivenöl anschwitzen.
- Die Bohnen zur Zwiebel und zum Knoblauch in den Topf geben und das
  Wasser hinzugießen. Das Bohnengemüse zum Kochen bringen, dann vom
  Herd nehmen und mit dem Pürierstab sehr fein pürieren. Die Bohnen-
  creme durch ein Sieb streichen und zurück in den Topf füllen.
- 6 Salbeiblätter sehr fein hacken und mit den Lorbeerblättern zur Suppe
  geben. 2 TL Salz hinzufügen und alles unter gelegentlichem Rühren etwa
  20 Minuten köcheln lassen.

- Die Petersilie fein hacken und mit dem Zitronensaft unterrühren. Die Suppe nochmals etwa 5 Minuten köcheln lassen.
- Die Oliven entsteinen und mit den verbliebenen 2 Salbeiblättern fein hacken. Die Lorbeerblätter aus der Suppe entfernen und die Mandelsahne sowie die verbliebenen 4 EL Öl unterrühren. Die Suppe 3 – 4 weitere Minuten ziehen lassen und herzhaft mit Salz und Pfeffer abschmecken.
- Zum Servieren die Suppe in Suppenteller geben und mit dem gehackten Salbei sowie den Oliven überbestreuen.

Tomatensuppe mit Reis
Soupe aux tomates et riz

4 kleine Frühlingszwiebeln,
   ersatzweise 1 mittelgroße Stange Lauch
2 kleine Schalotten
2 – 3 Knoblauchzehen
2 – 3 EL Olivenöl
1 ¼ kg vollreife Tomaten
500 ml Gemüsebrühe
2 – 3 kleine Zweige Thymian
2 Lorbeerblätter
½ TL Fenchelsamen
80 g Vollkornreis
2 EL Tomatenmark
½ TL Roh-Rohrzucker
1 Briefchen gemahlener Safran (0,1 g)
4 – 5 EL fein gehacktes Basilikum
Meersalz
frisch gemahlener schwarzer Pfeffer

- Die Frühlingszwiebeln in Scheiben schneiden. Die Schalotten und Knoblauchzehen schälen und mittelfein hacken.
- Das Olivenöl in einem Suppentopf erhitzen und die Frühlingszwiebeln, Schalotten und Knoblauchzehen darin anschwitzen.
- Die Tomaten würfeln und zum Zwiebelgemüse in den Topf geben. Kurz unter Rühren kräftig anbraten, dann mit 250 ml Gemüsebrühe ablöschen.
- Die Thymianzweige, Lorbeerblätter und Fenchelsamen in ein großes Gewürzsieb oder Tee-Ei geben und in die Suppe legen. Die Suppe unter gelegentlichem Rühren etwa 30 Minuten köcheln lassen.
- Das Gewürzsieb oder Tee-Ei aus der Suppe nehmen und die Suppe mit dem Pürierstab fein pürieren.
- Den Reis und die verbliebenen 250 ml Gemüsebrühe hinzufügen. Die Suppe unter gelegentlichem Rühren 30 – 40 weitere Minuten köcheln lassen.
- Das Tomatenmark, den Zucker und Safran unterrühren und die Suppe nochmals 3 – 4 Minuten köcheln lassen.
- Das Basilikum hinzufügen und die Suppe vor dem Servieren mit Salz und Pfeffer abschmecken.

Leichte Nudelsuppe aus dem Vaucluse
Soupe du barroux

1 Bund Frühlingszwiebeln
2 – 3 Knoblauchzehen
3 EL Olivenöl
4 Karotten
2 kleine Petersilienwurzeln oder ½ kleine Sellerieknolle
2 mittelgroße Zucchini
1 ½ l Wasser oder Gemüsebrühe
250 g (Vollkorn-)Fadennudeln
5 – 6 EL fein gehacktes Basilikum
2 EL fein gehackte glatte Petersilie
1 EL fein gehackter Thymian
Meersalz
frisch gemahlener schwarzer Pfeffer

- Die Frühlingszwiebeln in feine Scheiben schneiden, den Knoblauch schälen und fein hacken und beides im heißen Olivenöl anschwitzen.
- Die Karotten und Petersilienwurzeln schälen und grob raspeln. Die Zucchini ebenfalls grob raspeln.
- Das Gemüse in der Reihenfolge Karotten, Petersilienwurzel und Zucchini zum Zwiebelgemüse in den Topf geben und jeweils kurz anschwitzen.
- Mit dem Wasser oder der Gemüsebrühe ablöschen. Die Suppe kurz zum Kochen bringen, dann die Temperatur reduzieren und die Suppe unter gelegentlichem Rühren etwa 15 Minuten köcheln lassen.
- Gut 5 Minuten vor Ende der Kochzeit (bitte die Angaben auf der Packung beachten) die Nudeln und Kräuter hinzufügen. Die Suppe so lange köcheln lassen, bis die Nudeln bissfest gegart sind. Falls die Suppe dann etwas zu sämig ist, noch etwas Wasser oder Gemüsebrühe hinzufügen.
- Die Suppe mit Salz und Pfeffer abschmecken und servieren.

Gemüse-Bouillabaisse
Bouillabaisse végétalienne

600 g Tomaten
½ Bund glatte Petersilie
1 große Zwiebel
3 Knoblauchzehen
2 Stangen Lauch
2 Karotten
2 kleine Fenchelknollen
4 große Kartoffeln
3 – 4 EL Olivenöl
1 EL fein gehackter Thymian
1 EL fein gehackter Oregano
½ TL Fenchelsamen
2 – 3 Lorbeerblätter
1 l Wasser
frisch gepresster Saft einer kleinen Zitrone
2 Safranfäden (0,2 g)
3 – 4 MSP scharfes Paprikapulver
Meersalz
frisch gemahlener weißer Pfeffer
4 EL Aïoli *(siehe Seite 70) oder 4 TL* Rouille *(siehe Seite 77)*
    (falls erwünscht, auch mehr)

- Die Tomaten enthäuten und würfeln (siehe Seite 36). Die Petersilie fein hacken.
- Die Zwiebel und den Knoblauch schälen und fein hacken. Den Lauch und die Karotten in feine Scheiben schneiden.
- Die Fenchelknollen vierteln und die harten Strünke entfernen. Den Fenchel mittelfein würfeln. Die Kartoffeln schälen und in kleine Würfel schneiden.
- Die Zwiebel und den Knoblauch im heißen Öl anschwitzen. Den Lauch, die Karotten und den Fenchel dazugeben und jeweils kurz anschwitzen.
- Thymian, Oregano, Fenchelsamen und Lorbeerblätter dazugeben und mit dem Wasser aufgießen. Die Suppe mit geschlossenem Deckel etwa 10 Minuten köcheln lassen.

- Die Kartoffeln und Tomaten dazugeben und so lange unter gelegentlichem Rühren köcheln lassen, bis das Gemüse weich, aber noch bissfest
  ist.
- Zitronensaft, Safran, Paprikapulver sowie die Hälfte der Petersilie unterrühren, mit Salz und Pfeffer abschmecken und die Suppe nochmals
  gründlich erwärmen, aber nicht mehr kochen.
- Die Lorbeerblätter entfernen. Die Suppe mit der verbliebenen Petersilie
  überstreuen und mit *Aïoli* oder *Rouille* servieren.

Klare Knoblauchsuppe
L'Aigo boulido

6 – 8 Knoblauchzehen
   (falls erwünscht, auch mehr, bis zu einer ganzen Knolle)
4 – 6 EL Olivenöl (40 – 60 ml)
1 ½ l Wasser
6 große Blätter Salbei
2 Zweige Thymian
1 kleiner Zweig Rosmarin
1 kleiner Zweig Majoran
½ kleine unbehandelte Zitrone
½ TL schwarze Pfefferkörner
2 Gewürznelken
1 Lorbeerblatt
2 TL Meersalz
1 – 2 EL frisch gepresster Zitronensaft
4 – 5 EL fein gehackte glatte Petersilie
Meersalz
frisch gemahlener schwarzer Pfeffer
8 Scheiben Baguette (insgesamt etwa 125 g)

- Die Knoblauchzehen schälen, grob hacken und in 2 – 3 EL Olivenöl anschwitzen, bis sie ein wenig Farbe angenommen haben. Sie dürfen jedoch auf keinen Fall zu braun werden, weil sie dann bitter schmecken. Mit dem Wasser ablöschen.
- Salbeiblätter, Thymian, Rosmarin, Majoran sowie die halbe Zitrone, Pfefferkörner, Gewürznelken, das Lorbeerblatt und Salz in den Topf geben.
- Die Suppe kurz zum Kochen bringen, dann die Temperatur deutlich reduzieren und die Suppe etwa 45 Minuten unter gelegentlichem Rühren köcheln lassen. Nach etwa 15 Minuten die Zitrone entfernen.
- Die Suppe durch ein feines Sieb geben und die Brühe auffangen. Den Zitronensaft und die Petersilie unter die Brühe rühren.
- Die Suppe 3 – 4 weitere Minuten köcheln lassen und, falls gewünscht, mit noch etwas Salz und mit Pfeffer abschmecken.

- Die verbliebenen 2 – 3 EL Öl in einer Pfanne erhitzen. Die Brotscheiben darin von beiden Seiten goldbraun braten.
- Zum Servieren die Baguettescheiben auf vier Suppenteller verteilen und mit der Suppe übergießen.

☐ Falls Sie die Suppe im Sommer kochen, können Sie zusätzlich noch 1 – 2 blühende Lavendelzweige in den Sud geben.

In der Provence sagt man: »*L'Aigo boulido sauvo la vido*« (»Gekochtes Wasser rettet das Leben«). Mit »gekochtem Wasser« ist diese aromatische klare Knoblauchsuppe gemeint – die vielleicht nicht direkt das Leben rettet, aber an kalten Tagen oder wenn der Mistral weht, wenn sich eine Erkältung oder eine leichte Magenverstimmung ankündigt, sehr wohltuend schmeckt. Für alle Knoblauchfans ist *L'Aigo boulido* sowieso ein absolutes Muss.

Bunte Gemüsesuppe mit Pistou
Soupe au pistou

150 g getrocknete weiße Bohnen
150 g getrocknete rote Bohnen
Wasser zum Einweichen der Bohnen
1 Zwiebel
1 Stange Lauch
2 Karotten
2 Fleischtomaten
2 Kartoffeln
3 EL Olivenöl
750 ml Gemüsebrühe
400 g grüne Bohnen
100 g (Vollkorn-)Hörnchennudeln oder (Vollkorn-)Fadennudeln
Meersalz
frisch gemahlener schwarzer Pfeffer
4 – 8 EL Pistou *(siehe Seite 69)*

- Die Bohnen über Nacht in reichlich Wasser einweichen. Am nächsten Tag abgießen (siehe Seite 37).
- Die Zwiebel schälen und fein hacken. Den Lauch in feine Scheiben, die Karotten, Tomaten und geschälten Kartoffeln in Würfel schneiden.
- Das Öl in einem großen Suppentopf erhitzen. Zuerst die Zwiebel und dann den Lauch darin anschwitzen. Die abgetropften Bohnen dazugeben, mit der Gemüsebrühe auffüllen und alles etwa 30 Minuten köcheln lassen.
- Die Karotten, Tomaten und Kartoffeln dazugeben.
- Die Suppe 15 weitere Minuten köcheln lassen.
- Die grünen Bohnen und Nudeln hinzufügen und alles nochmals etwa 15 Minuten köcheln lassen, bis die Bohnen bissfest gegart und die Nudeln weich sind. Sollten die Nudeln dabei viel Flüssigkeit ziehen und die Suppe zu sämig werden, noch etwas Gemüsebrühe oder Wasser nachgießen. Die Suppe mit Salz und Pfeffer abschmecken.
- Zum Servieren die Suppe auf Suppenteller verteilen und pro Portion 1 – 2 EL *Pistou* unterrühren.

☐ Das *Pistou* darf auf keinen Fall mitkochen!

Basilikum-Knoblauch-Paste
Pistou

1 Bund Basilikum
3 – 4 Knoblauchzehen
½ TL grobes Meersalz
Olivenöl
Meersalz
frisch gemahlener schwarzer Pfeffer

- Das Basilikum kurz abbrausen, trockentupfen und die Blätter abzupfen.
- Die Knoblauchzehen schälen, halbieren und die grünen Keime im Inneren entfernen. Mit dem Salz in einen Mörser geben und zermusen.
- Nach und nach das Basilikum dazugeben und weiter mit dem Stößel bearbeiten, bis eine feine Paste entstanden ist.
- Zum Schluss so viel Olivenöl einträufeln, bis die Sauce schön cremig, aber nicht zu flüssig ist. Nach Geschmack salzen und pfeffern.

Der Begriff »*Pistou*« findet seinen Ursprung in dem lateinischen Verb »pinsare«, das mit »zerstoßen« übersetzt werden kann. Unverzichtbare Werkzeuge bei der Zubereitung von *Pistou* sind damit Mörser und Stößel, wobei diese in modernen Küchen oft durch die Häckselwerkzeuge der Küchenmaschine abgelöst werden. Bereitet man den *Pistou* jedoch auf die traditionelle Art im Mörser zu, bleibt die leuchtend grüne Farbe besser erhalten.

Der französische *Pistou* ist dem italienischen Pesto sehr ähnlich, wobei traditionell weder Pinienkernen oder Nüsse noch Käse zum *Pistou* gegeben werden.

Pasten und Saucen
Sauces froides et chaudes et dips

Knoblauchcreme
Aïoli

mindestens 4 große Knoblauchzehen
  (falls erwünscht auch mehr, bis zu einer ganzen Knolle)
½ TL grobes Meersalz
125 ml Olivenöl
1 – 2 Spritzer frisch gepresster Zitronensaft

- Die Knoblauchzehen schälen, halbieren und die grünen Keime im Inneren entfernen.
- Die Knoblauchzehen grob würfeln und mit dem Salz im Mörser zu einer feinen Paste zermusen.
- Dann das Olivenöl – mit viel Geduld – zuerst tropfenweise, später auch in einem feinen Strahl dazugeben. Dabei das Öl stets gut unterrühren, sodass es sich mit dem Knoblauch zu einer hellen Emulsion verbindet. Kurz bevor das ganze Öl aufgebraucht ist, den Zitronensaft unterrühren.

☐ Sollten Sie ausgesprochener Knobi-Fan sein, gar nicht genug vom Knoblauch bekommen und für die Zubereitung von *Aïoli* tatsächlich eine ganze Knolle verwenden, empfiehlt es sich, etwas mehr Olivenöl zu nehmen.

Aïoli ist eine sehr alte Saucenform, die im ganzen nördlichen Mittelmeerraum von Italien über die Provence, das Languedoc bis Katalonien sehr beliebt ist und in der klassischen Version ganz ohne Eigelb auskommt. In der Provence isst man *Aïoli* gern als Vorspeise zu Brot, Oliven und rohem oder auch gekochtem Gemüse. Außerdem verfeinert *Aïoli* viele provenzalische Gerichte wie die *Bouillabaisse* (das Rezept dazu finden Sie auf Seite 64).

Heißer Knoblauchdip
Bagna cauda

2 kleine Schalotten
5 – 6 Knoblauchzehen
300 ml Olivenöl
100 g entsteinte schwarze Oliven
4 TL mild eingelegte Kapern
3 – 4 EL frisch gepresster Zitronensaft
scharfes Paprikapulver

- Die Schalotten und Knoblauchzehen schälen, sehr fein hacken (zum Beispiel im Universalzerkleinerer) und in einem kleinen Topf in 3 – 4 EL Olivenöl anschwitzen.
- Die Oliven und Kapern ebenfalls sehr fein hacken. Zu den Schalotten und Knoblauchzehen in den Topf geben und alles nochmals kurz anschwitzen.
- Das verbliebene Öl und den Zitronensaft hinzufügen und alles unter gelegentlichem Rühren erhitzen, aber auf keinen Fall kochen.
- Mit etwas Paprikapulver abschmecken.

☐ Zum Servieren gibt man die *Bagna cauda* traditionell in einen kleinen Rechaud, den man auf den Tisch stellt. Dann tunkt man mundgerecht zerkleinertes Gemüse oder geröstete Brotscheiben in diesen Dip. Als Gemüse zum Tunken eignen sich besonders gut Staudensellerie, Radieschen, Paprikaschoten, zarte Bundkarotten, Fenchel, Zucchini, Frühlingszwiebeln, Kirschtomaten, grüner Spargel (vorher kurz blanchiert) oder auch Champignons.
Falls Sie keinen Rechaud zur Hand haben, können Sie den heißen Dip auch in vier kleine Schälchen füllen, in die jeder seine Portion Gemüse eintunkt. Reste des Dips schmecken auch kalt als würzige Sauce, zum Beispiel zu den gebratenen Kichererbsenplätzchen von Seite 56.

Die *Bagna cauda,* was übersetzt »warme Sauce« bedeutet, ist ein Gericht, das ursprünglich aus der norditalienischen Region Piemont stammt, inzwischen aber auch in der Provence, insbesondere in Nizza, sehr beliebt ist. Traditionell werden der *Bagna cauda* zerdrückte Sardellenfilets beigefügt, die in der veganen Variante sehr schmackhaft durch Oliven ersetzt werden.

Lavendel-Nuss-Creme
Beurre de lavande et noisettes

1 TL frische oder getrocknete Lavendelblüten
1 knapp gestrichener TL grobes Meersalz
150 g hochwertige Pflanzenmargarine
5 EL gemahlene Haselnüsse
4 EL fein gehackter Schnittlauch
2 EL frisch gepresster Zitronensaft
2 MSP abgeriebene Zitronenschale
3 – 4 MSP frisch gemahlener weißer Pfeffer

- Die Lavendelblüten mit dem Salz in einen Mörser geben und mit dem Stößel fein zerstoßen.
- Die Margarine zum Schmelzen bringen. Das Lavendelsalz sowie die verbliebenen Zutaten zur Margarine geben und alles vorsichtig vermischen.
- Die Lavendel-Nuss-Creme in ein Schälchen füllen und vor dem Servieren im Kühlschrank fest werden lassen.

☐ Diese würzige Zubereitung schmeckt lecker zu knusprigem Baguette, aber auch zu gegrilltem Gemüse sowie zu gefüllten Gemüsespezialitäten (die Rezepte dazu finden Sie auf den Seiten 126 bis 130).
Anstelle der Haselnüsse können Sie auch gemahlene Mandeln oder gemahlene Pinienkerne verwenden.

Mandel-Minz-Creme
Le Sassoun

2 – 3 Knoblauchzehen
1 TL grobes Meersalz
1 – 2 MSP Fenchelsamen
4 – 5 Blätter Minze
75 g blanchierte und gemahlene Mandeln
80 ml Olivenöl
4 EL kaltes Wasser
1 Spritzer frisch gepresster Zitronensaft
frisch gemahlener schwarzer Pfeffer

- Die Knoblauchzehen schälen, halbieren und die grünen Keime im Inneren entfernen.
- Die Knoblauchzehen mit dem Salz, den Fenchelsamen und der Minze in einen Mörser geben. Alles mit dem Stößel zu einer cremigen Paste zermusen.
- Die Creme mit den Mandeln, dem Olivenöl, Wasser und Zitronensaft verrühren und mit etwas Pfeffer abschmecken.

☐ Die Mandel-Minz-Creme zu knusprigem Baguette als Vorspeise servieren oder die Zucchini-Tomaten-Fougasse von Seite 106 oder die Tomatentarte mit Oliven von Seite 120 damit verfeinern.

Olivenpasten
Tapenades

Tapenade ist eine Olivenpaste, die zum Aperitif auf geröstete Baguettescheiben gestrichen und mit einem Glas Wein oder auch Pastis genossen wird. Von dieser südfranzösischen Spezialität gibt es wahrschein-
lich so viele Rezeptvarianten, wie es Olivenbäume in der Region gibt.
Zwei Zutaten sind für eine gelungene *Tapenade* jedoch unumgänglich:
Oliven und ein gutes Olivenöl. Je nach Farbe der verwendeten Oliven
und der anderen Zutaten gibt es grüne, rote und schwarze *Tapenade*.
Die grüne *Tapenade* schmeckt am mildesten, die schwarze am aroma-
tischsten.

Grüne Olivenpaste
Tapenade verte

100 g Mandeln
250 g grüne Oliven
1 – 2 EL eingelegte Kapern
70 – 80 ml Olivenöl

- Die Mandeln enthäuten (siehe auch Seite 38) und im Universalzerkleinerer oder Mixbehälter der Küchenmaschine fein zerkleinern.
- Die Oliven entsteinen und ebenso wie die Kapern sehr fein hacken. Mit
  den Mandeln und dem Öl in einer Schüssel verrühren.
- Vor dem Servieren abgedeckt etwa 15 Minuten bei Zimmertemperatur
  ziehen lassen.

☐ Die grüne *Tapenade* kann durch ein halbes Bund fein gehackte glatte Petersilie
und eine geschälte und sehr fein gehackte Knoblauchzehe ergänzt werden.

Rote Olivenpaste
Tapenade rouge

2 Knoblauchzehen
200 g getrocknete Tomaten
kochend heißes Wasser zum Einweichen der Tomaten
100 g entsteinte schwarze Oliven
2 EL eingelegte Kapern
70 – 80 ml Olivenöl
1 EL fein gehackter Thymian
1 EL fein gehackter Rosmarin
frisch gemahlener schwarzer Pfeffer

- Die Knoblauchzehen schälen, vierteln und die grünen Keime im Inneren entfernen.
- Die getrockneten Tomaten kurz abbrausen, mit kochend heißem Wasser übergießen und 30 Minuten quellen lassen.
- Die Tomaten gut abtropfen lassen und zusammen mit den Oliven, dem Knoblauch und den Kapern in der Küchenmaschine oder in zwei bis drei Portionen im Universalzerkleinerer fein zerkleinern.
- Das Olivenöl sowie die fein gehackten Kräuter unterrühren und mit etwas Pfeffer abschmecken.
- Vor dem Servieren abgedeckt etwa 15 Minuten bei Zimmertemperatur ziehen lassen.

☐ Probieren Sie diese leckere, aromatisch nach Tomaten schmeckende *Tapenade* doch einmal anstelle von italienischem Pesto zu gekochten Nudeln.
Da Basilikum sehr gut mit Tomaten harmoniert, können Sie die rote *Tapenade* noch verfeinern, indem Sie 3 – 4 EL fein gehacktes Basilikum unterrühren.

Schwarze Olivenpaste
Tapenade provençale

100 g Pinienkerne
200 g schwarze Oliven
2 – 3 EL eingelegte Kapern
2 TL getrocknete Kräuter der Provence
5 – 6 EL Olivenöl (50 – 60 ml)
frisch gepresster Saft einer halben kleinen Zitrone
frisch gemahlener schwarzer Pfeffer

- Die Pinienkerne in der trockenen Pfanne kurz anrösten, bis sie duften. Danach abkühlen lassen.
- Die Oliven entsteinen. Die Oliven, Kapern und Pinienkerne im Mixbehälter der Küchenmaschine oder im Universalzerkleinerer jeweils sehr fein zerkleinern, aber nicht zermusen. Dann mit den Kräutern der Provence, dem Olivenöl und Zitronensaft verrühren. Mit Pfeffer abschmecken.
- Vor dem Servieren abgedeckt etwa 15 Minuten bei Zimmertemperatur ziehen lassen.

Scharfe Pfefferwürzsauce
Rouille

2 Knoblauchzehen
1 kleine rote Peperoni
½ TL grobes Meersalz
2 Scheiben Weißbrot ohne Rinde vom Vortag
etwas Wasser oder abgekühlte Gemüsebrühe
1 Briefchen gemahlener Safran (0,1 g)
125 ml Olivenöl

- Die Knoblauchzehen schälen, vierteln und die grünen Keime im Inneren entfernen.
- Die Peperoni halbieren und die Samen und Samenstränge entfernen.
- Den Knoblauch und die Peperoni grob zerkleinern. Mit dem Salz in einen Mörser geben und zu einer feinen Paste zermusen.
- Das Brot etwa 10 Minuten in etwas Wasser oder Gemüsebrühe einweichen, gründlich ausdrücken und mit der Knoblauch-Peperoni-Paste vermischen.
- Den Safran unterrühren.
- Das Olivenöl unter ständigem Rühren im feinen Strahl einträufeln und so lange rühren, bis eine cremige Sauce entstanden ist.

☐ Falls Ihnen die *Rouille* zu würzig ist, können Sie sie durch Zugabe einer halben Paprikaschote, die Sie ebenfalls im Mörser zerstoßen, und durch eine zusätzliche halbe eingeweichte Scheibe Brot »entschärfen«.
Anstelle des Weißbrotes können auch zwei gekochte Pellkartoffeln zugegeben werden.

Rouille gehört zu den ältesten Saucen Europas. Ihren Namen erhielt diese scharfe Würzsauce aufgrund ihrer rostroten Farbe, die von der Peperoni und dem Safran herrührt.
Traditionell wird *Bouillabaisse* dadurch verfeinert, dass man etwas *Rouille* auf die servierfertige Suppe gibt (siehe Seite 64). Diese scharfe Saucenspezialität schmeckt jedoch auch gut zum gerösteten Knoblauchbrot von Seite 51 oder den Ofenkartoffeln von Seite 133.

Tomaten-Rotwein-Sauce
Raïto

2 Zwiebeln
3 – 4 Knoblauchzehen
2 – 3 EL Olivenöl
5 große vollreife Tomaten
500 ml trockener Rotwein
250 ml Wasser
Meersalz
1 Lorbeerblatt
2 Gewürznelken
2 – 3 TL eingelegte Kapern
20 schwarze Oliven
4 EL Tomatenmark
½ TL Roh-Rohrzucker
2 EL fein gehackter Estragon
2 EL fein gehackte glatte Petersilie
1 EL fein gehackter Thymian
1 EL fein gehackter Rosmarin
frisch gemahlener schwarzer Pfeffer

- Die Zwiebeln und Knoblauchzehen schälen, mittelfein hacken und im heißen Öl anschwitzen.
- Die Tomaten würfeln, zu den Zwiebeln und dem Knoblauch in den Topf geben und ebenfalls anschwitzen. Mit dem Rotwein ablöschen. Das Wasser und 2 TL Meersalz hinzufügen.
- Das Lorbeerblatt und die Gewürznelken in ein Gewürzsieb oder großes Tee-Ei füllen und in die Sauce geben. Die Sauce kurz zum Kochen bringen, dann die Temperatur deutlich reduzieren und die Sauce 80 – 90 Minuten unter gelegentlichem Rühren um etwa die Hälfte einkochen lassen.
- Das Gewürzsieb oder Tee-Ei aus der Sauce entfernen und die Sauce mit dem Pürierstab fein pürieren.
- Die Kapern fein hacken, die Oliven entsteinen und grob hacken. Kapern und Oliven mit dem Tomatenmark und Zucker zur Sauce geben.
- Die fein gehackten Kräuter unterziehen und alles nochmals etwa 5 Minuten köcheln lassen.
- Die Sauce vor dem Servieren mit noch etwas Salz und Pfeffer abschmecken.

☐ Der Überlieferung nach wurde diese würzige, sämige Sauce ursprünglich von den Phöniziern nach Marseille gebracht, wo man sie auch heute noch traditionell zu Fisch, insbesondere zu Kabeljau, serviert. Sie schmeckt jedoch auch wunderbar zu Kartoffeln wie den Quetschkartoffeln mit Safran von Seite 134 oder einfach als Sauce zu Nudeln. Reste der Sauce halten sich im Kühlschrank 3 – 4 Tage und lassen sich gut aufwärmen.

Hauptgerichte
Plats principaux

Bauernomelett mit Tomaten
Omelette paysanne aux tomates

3 Frühlingszwiebeln oder 1 Schalotte
1 – 2 Knoblauchzehen
5 – 7 EL Olivenöl (50 – 70 ml)
2 große Tomaten
8 entsteinte grüne Oliven
2 – 3 EL fein gehacktes Basilikum
1 EL fein gehackter Thymian
1 EL fein gehackter Oregano
1 TL fein gehackter Rosmarin
100 g Weizenmehl (Type 1050)
3 EL Speisestärke
3 EL geröstetes Kichererbsenmehl
3 mittelgroße Kartoffeln
3 EL Tomatenmark
250 ml Mandelmilch oder Reismilch (siehe Seite 39 oder 40)
Meersalz
frisch gemahlener schwarzer Pfeffer

- Die Frühlingszwiebeln in feine Scheiben schneiden oder die Schalotte schälen und fein hacken. Den Knoblauch schälen und fein hacken. Die Frühlingszwiebeln oder die Schalotte mit dem Knoblauch in 2 – 3 EL Olivenöl anschwitzen.
- Die Tomaten fein würfeln und zu den Zwiebeln und dem Knoblauch in die Pfanne geben. So lange schmoren, bis die Tomaten weich sind und kaum noch Saft abgeben.
- Die Oliven in feine Scheiben schneiden und mit den Kräutern zu den Tomaten in die Pfanne geben. Alles nochmals 3 – 4 Minuten schmoren. Das Tomatengemüse aus der Pfanne nehmen und die Pfanne säubern.

- Das Weizenmehl mit der Speisestärke und dem Kichererbsenmehl vermischen.
- Die Kartoffeln schälen, grob raspeln und zur Mehlmischung geben.
- Das Tomatenmark unterrühren. Die Mandelmilch in kleinen Portionen unterrühren, sodass ein glatter Teig entsteht.
- Das Tomatengemüse unterziehen und den Teig herzhaft mit Salz und Pfeffer würzen.
- Die verbliebenen 3 – 4 EL Öl in der Pfanne erhitzen, den Teig hinein-geben und glatt streichen. Das Omelett bei niedriger Temperatur, am besten mit aufgelegtem Deckel, langsam(!) stocken lassen. Wenn die Unterseite leicht gebräunt und der Teig gestockt ist, das Omelett vorsichtig wenden und auf der anderen Seite fertig braten.
- Kurz vor Ende der Garzeit den Deckel abnehmen, damit die restliche Flüssigkeit verdampfen kann.

☐ Das Omelett gelingt am besten in einer beschichteten Pfanne.

Brotauflauf mit Paprika und Oliven
Gratin de pain perdu aux poivrons et olives

für 4 – 6 Portionen

etwa 350 g Baguette vom Vortag
750 ml Mandelmilch oder Reismilch (siehe Seite 39 oder 40)
1 große rote Zwiebel
2 Schalotten
2 – 3 Knoblauchzehen
2 – 3 EL Olivenöl
2 grüne Paprikaschoten
2 gelbe Paprikaschoten
2 Tomaten
1 EL fein gehackter Thymian
1 EL fein gehackter Rosmarin
1 EL fein gehackter Oregano
Meersalz
frisch gemahlener schwarzer Pfeffer
Olivenöl für die Form
mildes Paprikapulver
150 g geröstetes Kichererbsenmehl
5 EL Weizenmehl (Type 1050)
½ Bund glatte Petersilie
100 g entsteinte grüne Oliven
5 – 6 EL Pinienkerne
5 EL Couscous

- Das Baguette in Scheiben schneiden und mit 400 ml Mandelmilch übergießen. Etwa 15 Minuten einweichen lassen, bis das Brot die ganze Mandelmilch aufgesogen hat.
- Die Zwiebel, Schalotten und Knoblauchzehen schälen, fein hacken und im heißen Öl anschwitzen.
- Die Paprika fein würfeln und zum Zwiebelgemüse in die Pfanne geben. Kurz anschwitzen, dann die fein gewürfelten Tomaten sowie den Thymian, Rosmarin und Oregano hinzufügen. Das Paprikagemüse so lange unter gelegentlichem Rühren schmoren, bis es weich ist.
- Mit Salz und Pfeffer abschmecken.

- Die Hälfte der Baguettescheiben flach in eine sehr gut eingeölte große Auflaufform legen.
- Die Baguettescheiben mit etwas Salz und Paprikapulver würzen. Das Paprikagemüse darauf verteilen und glatt streichen.
- Die restlichen Baguettescheiben auf dem Gemüse verteilen und ebenfalls mit etwas Salz und Paprikapulver würzen.
- Das Kichererbsenmehl und Weizenmehl in eine Schüssel geben und mit der restlichen Mandelmilch verrühren. Die fein gehackte Petersilie unterziehen und den Teig mit Salz und etwas Pfeffer abschmecken.
- Den Teig über den Auflauf gießen und glatt streichen.
- Die Oliven und Pinienkerne sehr fein hacken (zum Beispiel im Universalzerkleinerer). Mit dem Couscous vermischen und mit etwas Pfeffer würzen. Die Oliven-Pinienkern-Mischung auf dem Auflauf verteilen.
- Den Brotauflauf bei 200 °C im Backofen 40 – 45 Minuten backen.

Auberginen-Tomaten-Gemüse
La Bohémienne

2 Schalotten
2 – 3 Knoblauchzehen
4 – 6 EL Olivenöl (40 – 60 ml)
1 kg Auberginen
1 kg vollreife Tomaten
1 EL fein gehackter Rosmarin
1 EL fein gehackter Thymian
1 EL fein gehacktes Bohnenkraut
5 EL Tomatenmark
½ TL Roh-Rohrzucker
4 EL fein gehacktes Basilikum
4 EL fein gehackte glatte Petersilie
Meersalz
frisch gemahlener schwarzer Pfeffer
Olivenöl für die Form
5 – 6 EL (Vollkorn-)Semmelbrösel
1 TL mildes Paprikapulver

- Die Schalotten und Knoblauchzehen schälen, fein hacken und in 2 – 3 EL heißem Olivenöl anschwitzen.
- Die Auberginen fein würfeln. Zu den Schalotten und dem Knoblauch in den Topf geben und ebenfalls anschwitzen.
- Die fein gewürfelten Tomaten, den Rosmarin und Thymian sowie das Bohnenkraut hinzufügen. Das Gemüse unter gelegentlichem Rühren so lange schmoren, bis die Auberginenwürfel weich sind und die Tomaten zerfallen.
- Das Tomatenmark, den Zucker, das Basilikum und die Petersilie unterrühren und das Auberginen-Tomaten-Gemüse nochmals 3 – 4 Minuten schmoren.
- Mit Salz und Pfeffer abschmecken.
- Das Auberginen-Tomaten-Gemüse in eine gut eingeölte flache Auflaufform geben und glatt streichen. Die Semmelbrösel mit dem Paprikapulver vermischen und das Gemüse damit überstreuen. Mit den verbliebenen 2 – 3 EL Öl überträufeln.
- Das Gemüse im Backofen bei 200 °C mit zugeschaltetem Grill oder Oberhitze knapp 10 Minuten gratinieren.

☐ Das provenzalische Auberginen-Tomaten-Gemüse wird oft mit der klassischen *Ratatouille* verwechselt. *La Bohémienne* ist aber ein eigenständiges Gericht, bei dem, anders als bei der *Ratatouille*, ausschließlich Auberginen und Tomaten zu gleichen Teilen mit Schalotten und etwas Knoblauch geschmort werden. *La Bohémienne* kann, muss aber nicht zwingend, zum Schluss im Ofen mit Semmelbröseln gratiniert werden.

Couscous mit Kichererbsen
Couscous aux pois chiches

200 g getrocknete Kichererbsen
Wasser zum Einweichen und Kochen der Kichererbsen
150 g Rosinen
etwas lauwarmes Wasser zum Einweichen der Rosinen
2 Zwiebeln
2 Knoblauchzehen
4 EL Olivenöl
2 Karotten
2 kleine weiße Rüben
2 Stangen Staudensellerie
1 mittelgroßer Zucchino
4 Tomaten
200 ml Gemüsebrühe
Meersalz
280 g Tomatenmark
3 – 4 TL gelbes Ras el-Hanout
  (Gewürzmischung für Couscous, siehe Seite 35)

Für den Couscous:
etwa 800 ml Wasser
1 – 2 TL Meersalz
400 g Couscous
3 – 4 EL Olivenöl

- Die Kichererbsen in Wasser einweichen. Am nächsten Tag mit frischem Wasser aufsetzen und bissfest kochen (siehe Seite 37). In einen Durchschlag geben und gut abtropfen lassen.
- Die Rosinen 30 Minuten in etwas lauwarmem Wasser quellen, danach abtropfen lassen.
- Die Zwiebeln und Knoblauchzehen schälen, fein hacken und in 2 EL Olivenöl in einem Schmortopf leicht anbräunen.
- Die Karotten und weißen Rüben schälen und mittelfein würfeln. Den Staudensellerie ebenfalls würfeln. Den Zucchino in dünne Scheiben schneiden. Die Tomaten würfeln.

- Weitere 2 EL Öl zu den Zwiebeln und Knoblauchzehen geben und das Gemüse in der Reihenfolge Karotten, weiße Rüben, Staudensellerie, Zucchini und Tomaten jeweils kurz anschwitzen.
- Mit der Gemüsebrühe ablöschen, 1 TL Meersalz hinzufügen und das Gemüse 15 Minuten unter gelegentlichem Rühren köcheln lassen.
- Die Kichererbsen und Rosinen hinzufügen.
- Das Tomatenmark und Ras el-Hanout unterrühren.
- Alles nochmals etwa 10 Minuten köcheln lassen und mit noch etwas Salz abschmecken.
- Für den **Couscous** das Wasser mit dem Salz zum Kochen bringen. Den Couscous einrieseln lassen, 2 – 3 Minuten unter Rühren köcheln lassen, dann den Topf vom Herd nehmen. Den Couscous mit aufgelegtem Deckel etwa 10 Minuten ausquellen lassen. Dann mit einer Gabel auflockern und das Öl unterrühren.
- Den Couscous auf einer Servierplatte oder einem großen Teller zu einem Kegel formen und das Gemüse in einem Kranz darum anrichten. Sofort servieren.

☐ Falls Sie keine weißen Rüben zur Hand haben, können Sie diese durch eine große Petersilienwurzel oder auch durch zwei mittelgroße Kartoffeln ersetzen.

Doppelter Reisauflauf mit Paprikavinaigrette
Gratin aux deux riz et vinaigrette aux poivrons

Für die erste Reisschicht:
1 kleine rote Zwiebel
1 Knoblauchzehe
1 – 2 EL Olivenöl
150 g Vollkornreis
100 ml trockener Weißwein,
   ersatzweise Gemüsebrühe mit 1 EL Weißweinessig
etwa 300 ml Gemüsebrühe
12 getrocknete Tomaten
etwas kochend heißes Wasser zum Einweichen der Tomaten
60 ml Mandelsahne (siehe Seite 41)
2 EL geröstetes Kichererbsenmehl
15 entsteinte schwarze Oliven
Meersalz
frisch gemahlener schwarzer Pfeffer
Olivenöl für die Auflaufform
2 TL getrocknete Kräuter der Provence

Für die zweite Reisschicht:
3 kleine Frühlingszwiebeln
1 Knoblauchzehe
4 EL Olivenöl
150 g roter Camargue-Reis
etwa 300 ml Gemüsebrühe
2 große Zucchini
12 entsteinte grüne Oliven
4 EL Mandelsahne (siehe Seite 41)
4 EL geröstetes Kichererbsenmehl
Meersalz
frisch gemahlener schwarzer Pfeffer

Für die Pinienkernkruste:
60 g Pinienkerne
3 – 4 EL grob gehackte Mandeln
3 EL (Vollkorn-)Semmelbrösel
1 TL mildes Paprikapulver
½ TL feines Meersalz
4 – 5 EL Olivenöl

Für die Paprikavinaigrette:
2 große rote Paprikaschoten
1 kleine Knoblauchzehe
5 – 7 EL Olivenöl (50 – 70 ml)
3 EL Rotweinessig
1 TL Roh-Rohrzucker
Meersalz
frisch gemahlener schwarzer Pfeffer

- Für die **erste Reisschicht** die Zwiebel und Knoblauchzehe schälen, fein hacken und im heißen Öl anschwitzen. Den Reis hinzufügen und ebenfalls kurz anschwitzen. Mit dem Weißwein ablöschen.
- Die Gemüsebrühe hinzufügen und den Reis etwa 30 Minuten unter gelegentlichem Rühren bissfest garen. Zum Ende der Kochzeit sollte die gesamte Flüssigkeit verkocht sein.
- Die getrockneten Tomaten mit kochend heißem Wasser übergießen und 15 Minuten ziehen lassen. Das Wasser abgießen und die Tomaten mit den Händen etwas auspressen. Die Tomaten in feine Streifen schneiden und zum Reis geben.
- Die Mandelsahne und das Kichererbsenmehl unterrühren.
- Die Oliven fein hacken und ebenfalls unterrühren.
- Den Reis mit Salz und Pfeffer abschmecken, in eine gut eingeölte Auflaufform geben und glatt streichen. Mit den Kräutern der Provence überstreuen.
- Für die **zweite Reisschicht** die Frühlingszwiebeln in feine Scheiben schneiden, den Knoblauch schälen und fein hacken. Beides in 2 EL heißem Öl anschwitzen. Den Reis hinzufügen und ebenfalls kurz anschwitzen.
- Die Gemüsebrühe dazugießen und den Reis unter gelegentlichem Rühren etwa 35 Minuten bissfest garen. Zum Ende der Kochzeit sollte die gesamte Flüssigkeit verkocht sein.

- Die Zucchini grob raspeln und in 2 EL Öl in der Pfanne so lange schmoren, bis sie weich sind und keine Flüssigkeit mehr abgeben. Die Oliven fein hacken.
- Die Zucchini und Oliven zum Reis geben. Die Mandelsahne und das Kichererbsenmehl unterrühren und den Reis herzhaft mit Salz und Pfeffer abschmecken.
- Die zweite Reisschicht auf der ersten verteilen und glatt streichen.
- Für die **Pinienkernkruste** die Pinienkerne in der trockenen Pfanne kurz anrösten, etwas abkühlen lassen und mittelfein hacken. Mit den Mandeln, Semmelbröseln, dem Paprikapulver und Salz vermischen und über das Gratin geben. Mit dem Öl überträufeln.
- Das Gratin in den nicht vorgeheizten Backofen geben, die Temperatur auf 200 °C einstellen und etwa 40 Minuten backen, bis die Kruste schön gebräunt ist.
- Für die **Paprikavinaigrette** die Paprika grob würfeln. Den Knoblauch schälen, grob hacken und mit der Paprika in 1 – 2 EL heißem Öl so lange schmoren, bis die Paprika weich ist. Die Paprika und den Knoblauch in ein hochwandiges Rührgefäß geben.
- Den Essig, Zucker und das verbliebene Öl hinzufügen und alles mit dem Pürierstab zu einer glatten Creme verarbeiten. Mit Salz und Pfeffer abschmecken und abgekühlt zum Gratin servieren.

☐ Weil die Paprikavinaigrette abgekühlt serviert wird, sollten Sie sie vor dem Reisauflauf zubereiten (eventuell schon am Vortag) und bis zum Servieren in den Kühlschrank stellen.

Kartoffelragout
Ragout de pommes de terre

60 g getrocknete Tomaten (etwa 15 Stück)
etwas kochend heißes Wasser zum Einweichen der Tomaten
5 – 6 EL Pinienkerne
1 große Zwiebel
1 – 2 Knoblauchzehen
2 – 3 EL Olivenöl
1 ½ kg fest kochende Kartoffeln
300 ml Wasser oder Gemüsebrühe
2 Lorbeerblätter
1 EL Weizenmehl (Type 1050)
15 schwarze Oliven
2 EL Tomatenmark
2 EL fein gehackter Majoran
1 EL fein gehackter Thymian
Meersalz
frisch gemahlener schwarzer Pfeffer

- Die Tomaten mit kochend heißem Wasser übergießen und etwa 15 Minuten darin ziehen lassen. Danach das Einweichwasser abgießen und die Tomaten in Streifen schneiden.
- Die Pinienkerne in der trockenen Pfanne kurz anrösten, bis sie duften.
- Die Zwiebel und die Knoblauchzehen schälen, fein hacken und in einem Schmortopf im heißen Öl anschwitzen.
- Die Kartoffeln schälen und mundgerecht würfeln. Zu den Zwiebeln und dem Knoblauch in den Topf geben und mit dem Wasser oder der Gemüsebrühe aufgießen. Die Lorbeerblätter und Tomaten hinzufügen. Das Kartoffelgemüse unter gelegentlichem Rühren etwa 35 Minuten schmoren, bis die Kartoffeln knapp bissfest gegart sind.
- Das Mehl über das Kartoffelgemüse stäuben, dann unterrühren.
- Die Oliven entsteinen, grob hacken und zum Kartoffelgemüse geben.
- Das Tomatenmark, den Majoran und Thymian sowie die Pinienkerne unterrühren und alles nochmals gut 5 Minuten schmoren.
- Die Lorbeerblätter entfernen und das Kartoffelragout herzhaft mit Salz und Pfeffer abschmecken.

Gemüseeintopf aus Nizza
Ratatouille niçoise

2 Zwiebeln
3 Knoblauchzehen
2 – 4 EL Olivenöl
3 mittelgroße Auberginen
1 grüne Paprikaschote
1 rote Paprikaschote
1 gelbe Paprikaschote
3 mittelgroße Zucchini
4 Fleischtomaten
150 ml trockener Rotwein,
  ersatzweise Tomatensaft mit 1 EL Rotweinessig
2 – 3 TL getrocknete Kräuter der Provence
140 g Tomatenmark
Meersalz
frisch gemahlener schwarzer Pfeffer

- Die Zwiebeln und Knoblauchzehen schälen, fein hacken und in einem großen Schmortopf in 2 EL Olivenöl anschwitzen.
- Die Auberginen in kleine Würfel schneiden, zu den Zwiebeln und dem Knoblauch in den Topf geben und unter häufigem Rühren leicht anbräunen.
- Die mittelfein gewürfelten Paprikaschoten dazugeben und anschwitzen. Falls nötig, 2 weitere EL Öl hinzufügen.
- Die Zucchini der Länge nach halbieren und in Halbmonde schneiden. Zum Gemüse in den Topf geben und alles gut 5 Minuten schmoren.
- In der Zwischenzeit die Tomaten enthäuten (siehe Seite 36), würfeln und ebenfalls in den Topf geben. Nach 3 – 4 Minuten mit dem Rotwein ablöschen und die Kräuter der Provence unterrühren. Das Gemüse unter gelegentlichem Rühren etwa 15 Minuten schmoren.
- Das Tomatenmark unterrühren und das Gemüse 3 – 4 weitere Minuten ziehen lassen.
- Herzhaft mit Salz und Pfeffer abschmecken und zu Brot, Nudeln oder auch (rotem) Reis servieren.

Für *Ratatouille* gibt es kein Rezept mit fest vorgeschriebenen Mengenangaben. Bestandteile von *Ratatouille* sind jedoch immer Auberginen, Paprika, Zucchini, Tomaten, Zwiebeln, Knoblauch, Kräuter und Olivenöl. Diese Grundzutaten werden je nach Verfügbarkeit und individueller Vorliebe gemischt und in Olivenöl geschmort.

Meine persönliche Lieblingszusammenstellung enthält außerdem noch schwarze Oliven, 2 EL gehackte Kapern und frisches Basilikum. Außerdem koche ich immer gleich ein paar Portionen mehr, weil *Ratatouille* kalt ebenso gut schmeckt wie warm und sich gut als Füllung für Sandwiches oder *Crêpes* verwenden lässt.

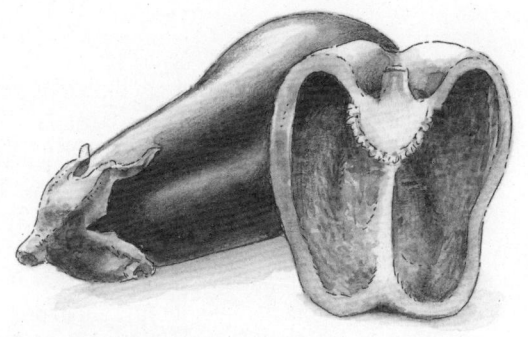

Kürbis-Ratatouille mit Couscous
Ratatouille au potimarron et couscous

Für das Kürbis-Ratatouille:
1 Hokkaidokürbis (gut 1 kg)
1 rote Paprikaschote
1 gelbe Paprikaschote
1 grüne Paprikaschote
800 g geschälte Tomaten (aus dem Glas)
3 Knoblauchzehen
3 Schalotten
2 – 3 EL Olivenöl
100 ml trockener Rotwein,
    ersatzweise kräftige Gemüsebrühe mit 1 EL Rotweinessig
2 Lorbeerblätter
1 EL getrocknete Kräuter der Provence
Meersalz
1 TL mildes Paprikapulver
140 g Tomatenmark
frisch gemahlener schwarzer Pfeffer

Für den Couscous:
800 ml Wasser
1 TL Meersalz
400 g Couscous
3 – 4 EL Olivenöl

- Für die **Kürbis-Ratatouille** den Kürbis halbieren und die Kerne und Fasern auskratzen. Den Kürbis in etwa 1 cm dicke Spalten schneiden, dann mundgerecht würfeln.
- Die Paprika mittelfein würfeln. Die geschälten Tomaten grob hacken und den Saft auffangen.
- Die Knoblauchzehen und Schalotten schälen, fein hacken und im heißen Olivenöl anschwitzen. Zuerst die Paprika, dann die Kürbiswürfel dazugeben und jeweils kurz unter häufigem Rühren anschwitzen. Mit dem Rotwein, den geschälten Tomaten und ihrem Saft ablöschen.
- Die Lorbeerblätter, Kräuter der Provence, 2 TL Meersalz und das Paprikapulver unterrühren und alles gut 20 Minuten schmoren, bis der Kürbis weich, aber noch bissfest ist.

- Die Lorbeerblätter entfernen und das Tomatenmark unterrühren. Nochmals 3 – 4 Minuten schmoren und mit Salz und Pfeffer abschmecken.
- Für den **Couscous** das Wasser mit dem Salz zum Kochen bringen. Den Couscous einrieseln lassen und 2 – 3 Minuten unter Rühren köcheln lassen. Den Topf vom Herd nehmen und den Couscous mit aufgelegtem Deckel etwa 10 Minuten ausquellen lassen. Dann mit einer Gabel auflockern und das Öl unterziehen.
- Die Kürbis-Ratatouille mit dem Couscous servieren.

☐ Bei dieser herbstlichen Version von *Ratatouille* werden Auberginen und Zucchini durch knackigen Kürbis ersetzt. Anstelle von Couscous können auch Nudeln oder Reis zur *Ratatouille* serviert werden.

Omelett mit mediterranem Gemüse
Omelette aux légumes méditerranéens

Für den Teig:
250 g geröstetes Kichererbsenmehl
1 TL feines Meersalz
½ TL Weinsteinbackpulver
3 – 4 EL Olivenöl
500 ml Wasser
3 EL fein gehackte glatte Petersilie

Für die Füllung:
3 Frühlingszwiebeln
2 Knoblauchzehen
5 – 7 EL Olivenöl (50 – 70 ml)
1 kleine rote Paprikaschote
1 kleiner Zucchino
½ kleine Aubergine
2 TL getrocknete Kräuter der Provence
2 EL Tomatenmark
1 TL Rotweinessig
1 TL mildes Paprikapulver
Meersalz
frisch gemahlener schwarzer Pfeffer
3 – 4 EL Olivenöl zum Braten

- Für den **Teig** das Kichererbsenmehl mit dem Salz, Backpulver und Öl vermischen.
- Das Wasser in kleinen Portionen hinzufügen und so lange rühren, bis keine Klümpchen mehr vorhanden sind. Falls die Klümpchen sehr hart- näckig sind, den Teig kurz mit dem Pürierstab durcharbeiten. Dann etwa 15 Minuten ruhen lassen.
- Vor dem Verarbeiten den Teig nochmals gründlich durchrühren und die Petersilie unterziehen.

- Für die **Füllung** die Frühlingszwiebeln in feine Scheiben schneiden. Den Knoblauch schälen, fein hacken und mit den Frühlingszwiebeln in 2 – 3 EL heißem Öl anschwitzen.
- Die Paprika, den Zucchino und die Aubergine jeweils fein würfeln. Das Gemüse in der Reihenfolge Paprika, Zucchino und Aubergine zu den Frühlingszwiebeln und dem Knoblauch in die Pfanne geben und jeweils kurz anschwitzen.
- Die Kräuter der Provence hinzufügen und das Gemüse so lange schmoren, bis es weich ist.
- Das Tomatenmark, den Essig und das Paprikapulver unterrühren und nochmals kurz schmoren. Das Gemüse herzhaft mit Salz und Pfeffer abschmecken und aus der Pfanne nehmen.
- Die Pfanne säubern und 3 – 4 EL Öl darin verteilen.
- Knapp die Hälfte des Teigs in die Pfanne geben und glatt streichen. Das Gemüse darauf verteilen. Den verbliebenen Teig darübergießen und glatt streichen.
- Das Omelett bei niedriger Temperatur und mit aufgelegtem Deckel langsam(!) stocken lassen.
- Kurz vor Ende der Garzeit den Deckel abnehmen, damit die restliche Flüssigkeit verdampfen kann. Noch in der Pfanne in vier Portionen teilen und servieren.

Paprikalinsen mit Rotwein
Lentilles aux poivrons et au vin rouge

300 g getrocknete grüne Tellerlinsen
1 l Wasser zum Kochen der Linsen
2 kleine Lorbeerblätter
½ TL Fenchelsamen
1 große Zwiebel
1 – 2 Knoblauchzehen
2 – 3 EL Olivenöl
2 rote Paprikaschoten
2 gelbe Paprikaschoten
150 ml trockener Rotwein,
  ersatzweise Tomatensaft mit 2 EL Rotweinessig
2 Tomaten
1 TL getrocknete Kräuter der Provence
5 EL Tomatenmark
1 EL Rotweinessig
4 – 5 EL fein gehackte glatte Petersilie
Meersalz
frisch gemahlener schwarzer Pfeffer

- Die Linsen in einen Durchschlag geben und mit klarem Wasser gut abspülen. Danach etwas abtropfen lassen und mit dem Kochwasser in einen Topf geben.
- Die Lorbeerblätter und Fenchelsamen in ein Gewürzsieb oder großes Tee-Ei geben und in den Topf mit den Linsen legen. Die Linsen kurz zum Kochen bringen, dann die Temperatur reduzieren und die Linsen unter gelegentlichem Rühren bissfest garen.
- Die Linsen in einen Durchschlag geben, mit klarem Wasser abspülen und sehr gut abtropfen lassen.
- Die Zwiebel und die Knoblauchzehen schälen, fein hacken und im heißen Öl anschwitzen.
- Die Paprika fein würfeln. Zur Zwiebel und dem Knoblauch in die Pfanne geben und ebenfalls kurz anschwitzen. Mit dem Rotwein ablöschen. Die fein gewürfelten Tomaten und die Kräuter der Provence hinzufügen und alles so lange schmoren, bis das Gemüse knapp bissfest gegart ist.

- Die Linsen, das Tomatenmark und den Essig hinzufügen und alles nochmals 4 – 5 Minuten schmoren, bis die Linsen heiß sind. Die Petersilie unterrühren und die Paprikalinsen mit Salz und Pfeffer abschmecken.

☐ Servieren Sie zu den Paprikalinsen etwas Baguette oder die Ofenkartoffeln von Seite 133.

Paprika-Tomaten-Nudeln aus Nizza
Pâtes à la niçoise

1 Zwiebel
2 Knoblauchzehen
2 – 3 EL Olivenöl
4 große rote Paprikaschoten
800 g geschälte Tomaten in Stücken (aus dem Glas)
2 EL getrocknete Nori-Flocken oder Dulse-Flocken
  (getrocknete Meeresalgen)
100 g entsteinte schwarze Oliven
5 EL Tomatenmark
1 EL Rotweinessig
1 TL fein gehackter Thymian
1 TL fein gehackter Rosmarin
Meersalz
frisch gemahlener schwarzer Pfeffer
500 g (Vollkorn-)Spaghetti oder (Vollkorn-)Makkaroni

- Die Zwiebel und die Knoblauchzehen schälen, fein hacken und im heißen Olivenöl anschwitzen. Die Paprika in feine Streifen schneiden. Zur Zwiebel und zum Knoblauch in die Pfanne geben und ebenfalls anschwitzen. Mit den geschälten Tomaten ablöschen.
- Die Nori- oder Dulse-Flocken hinzufügen und die Sauce unter gelegentlichem Rühren so lange köcheln lassen, bis die Paprika bissfest gegart ist.
- Die halbierten Oliven, das Tomatenmark, den Essig, Thymian und Rosmarin hinzufügen und die Sauce nochmals 3 – 4 Minuten köcheln lassen. Mit Salz und Pfeffer abschmecken.
- Die Spaghetti oder Makkaroni in reichlich Salzwasser bissfest kochen. Danach abgießen, gut abtropfen lassen und mit der Sauce servieren.

□ Von Nizza ist es ins benachbarte Italien nicht weit, sodass man dort auch gern einmal Nudeln auftischt. Im Originalrezept werden Sardellenfilets in die Sauce gegeben. In dieser rein pflanzlichen Version sorgen Flocken aus getrockneten Algen für den Geschmack nach Meer. Falls Sie keine Nori-Flocken oder Dulse-Flocken zur Hand haben, ist es nicht weiter schlimm, denn die Sauce schmeckt auch ohne das Algenaroma gut. Geben Sie beim Kochen ohne Algen zur Geschmacksverfeinerung noch 2 – 3 EL fein gehackte glatte Petersilie in die Sauce.

Rustikaler Gemüseauflauf
Tian provençale

Olivenöl für die Form
1 große Zwiebel
4 Knoblauchzehen
3 große rote Paprikaschoten
14 – 16 EL Olivenöl (140 – 160 ml)
Meersalz
frisch gemahlener schwarzer Pfeffer
4 TL getrocknete Kräuter der Provence
3 große Zucchini
2 Auberginen
3 Fleischtomaten

- Eine große, runde Auflaufform mit Öl ausstreichen.
- Die Zwiebel und die Knoblauchzehen schälen, fein hacken und in 2 EL Öl anschwitzen. Die Paprika fein würfeln. Zur Zwiebel und zum Knoblauch in die Pfanne geben und so lange schmoren, bis das Paprikagemüse weich ist.
- Das Paprikagemüse in die Auflaufform geben und glatt streichen. Mit Salz und Pfeffer würzen und mit 1 TL Kräuter der Provence überstreuen.
- Die Zucchini in feine Scheiben schneiden und in 2 – 3 EL Öl anschwitzen. Die Zucchini auf dem Paprikagemüse verteilen und glatt streichen. Mit Salz und Pfeffer würzen und mit 1 TL Kräuter der Provence bestreuen.
- Die Auberginen in dünne Scheiben schneiden und in 2 – 3 EL Öl auf beiden Seiten schön braun braten. Die Auberginenscheiben auf die Zucchini schichten. Mit Salz und Pfeffer würzen und mit 1 TL Kräuter der Provence bestreuen.
- Die Fleischtomaten in dünne Scheiben schneiden und auf der Auberginenschicht verteilen. Mit Salz und Pfeffer würzen und mit 1 TL Kräuter der Provence bestreuen.
- Den Auflauf mit den restlichen 8 EL Öl beträufeln und im Backofen bei 180 °C 30 – 35 Minuten backen.
- Mit knusprigem Baguette servieren.

Herzhafte Tartes, Quiches und herzhaftes Backwerk
Tartes salées, Quiches et Patisserie salée

Auberginenkuchen
Tarte aux aubergines

4 Auberginen (gut 1 kg)
Olivenöl
Meersalz
frisch gemahlener schwarzer Pfeffer
1 Schalotte
2 – 3 Knoblauchzehen
100 ml Gemüsebrühe
125 ml Mandelsahne (siehe Seite 41)
75 g geröstetes Kichererbsenmehl
5 EL (Vollkorn-)Semmelbrösel
2 EL frisch gepresster Zitronensaft
4 MSP abgeriebene Zitronenschale
1 EL fein gehackter Rosmarin
1 EL fein gehackter Thymian
4 MSP scharfes Paprikapulver
3 EL Pinienkerne

- 2 der Auberginen in dünne runde Scheiben schneiden. Die Auberginenscheiben in einer beschichteten Pfanne von beiden Seiten in etwas Öl
  braten, bis sie weich sind. Dabei mit etwas Salz und Pfeffer würzen.
- Eine runde Auflaufform mit wenig Öl ausstreichen. Die Hälfte der Auberginenscheiben fächerförmig auf dem Boden der Form verteilen und etwas
  andrücken.
- Die Schalotte und den Knoblauch schälen, fein hacken und in etwas
  heißem Öl anschwitzen.
- Die 2 restlichen Auberginen in mittelfeine Würfel schneiden. Zur Schalotte und zum Knoblauch in die Pfanne geben und kurz anschwitzen. Die
  Gemüsebrühe hinzufügen. Die Auberginenwürfel unter gelegentlichem
  Rühren mit aufgelegtem Deckel so lange schmoren, bis sie weich sind.

- Das Auberginengemüse in ein hochwandiges Rührgefäß geben und mit dem Pürierstab zu einer glatten Creme verarbeiten.
- Die Mandelsahne, das Kichererbsenmehl und die Semmelbrösel unterrühren. Den Zitronensaft und die Zitronenschale, Rosmarin und Thymian sowie das Paprikapulver unterziehen. Herzhaft mit Salz und Pfeffer abschmecken.
- Die Auberginencreme auf die Auberginenscheiben in die Auflaufform geben und glatt streichen.
- Die restlichen gebratenen Auberginenscheiben fächerförmig auf der Auberginencreme verteilen und etwas andrücken. Mit 2 EL Öl beträufeln.
- Den Auberginenkuchen in den nicht vorgeheizten Backofen geben und die Temperatur auf 200 °C einstellen. Den Kuchen etwa 40 Minuten backen. Etwa 5 Minuten vor Ende der Backzeit die Pinienkerne darauf verteilen.

☐ Der würzige Auberginenkuchen schmeckt heiß, direkt aus dem Ofen genossen, aber auch abgekühlt sehr lecker.

Zwiebelkuchen aus Nizza
Pissaladière niçoise

Für den Teig:
400 g Weizenmehl (Type 1050)
1 Päckchen Trockenhefe
1 TL Meersalz
3 EL Olivenöl
etwa 190 ml lauwarmes Wasser

Für den Belag:
1 ¼ kg Zwiebeln
1 – 2 Knoblauchzehen
3 – 4 EL Olivenöl
½ TL Puderzucker
1 EL getrockneter Thymian
2 Gewürznelken
1 EL Weißweinessig
1 TL Weizenmehl (Type 1050)
3 EL fein gehackte glatte Petersilie
Meersalz mit Algen (siehe Tipp auf Seite 105)
frisch gemahlener schwarzer Pfeffer
80 g entsteinte schwarze Oliven

- Für den **Teig** das Mehl mit der Hefe, dem Salz und Öl vermischen.
- Das Wasser in kleinen Portionen unterkneten. So lange kneten, bis der Teig geschmeidig ist und nicht mehr am Schüsselboden oder Schüsselrand klebt. Den Teig abgedeckt an einem warmen Ort 40 – 50 Minuten gehen lassen.
- Den Teig auf Backpapier dünn zu einem Rechteck ausrollen, das etwa so groß wie ein Backblech ist. Den Teig nochmals etwa 15 Minuten gehen lassen.
- Für den **Belag** die Zwiebeln schälen, halbieren und in feine Halbmonde schneiden. Den Knoblauch schälen und fein hacken.
- Das Öl in einer großen Pfanne erhitzen und die Zwiebeln und den Knoblauch darin bei relativ hoher Temperatur anschwitzen.

- Die Temperatur deutlich reduzieren und den Puderzucker und Thymian unterrühren. Die Gewürznelken dazugeben. Das Zwiebelgemüse unter gelegentlichem Rühren so lange schmoren, bis die Zwiebeln weich sind, keine Flüssigkeit mehr abgeben und anfangen zu zerfallen.
- Den Essig und das Mehl unterrühren und das Gemüse 2 – 3 weitere Minuten schmoren.
- Die Gewürznelken entfernen. Die Petersilie unterrühren und das Zwiebelgemüse mit Salz und Pfeffer abschmecken. Vor der Weiterverwendung etwas abkühlen lassen.
- Das Zwiebelgemüse auf dem Teig verteilen und glatt streichen.
- Die Oliven darauf verteilen und ein wenig andrücken.
- Den Zwiebelkuchen im Backofen bei 200 °C etwa 30 Minuten backen.

☐ Die *Pissaladière* wird traditionell mit geschmorten Zwiebeln, Oliven und Sardellenfilets belegt. Ein feiner Geschmack nach Meer entsteht aber auch durch die Verwendung von mit Algen angereichertem Meersalz. Falls Sie kein Meersalz mit Algen zur Hand haben, können Sie die *Pissaladière* mit normalem Meersalz würzen.

Gefüllte Zucchini-Tomaten-Fougasse
Fougasse farcie courgette et tomate

Für den Teig:
250 g Weizenmehl (Type 1050)
150 g Weizenvollkornmehl
1 Päckchen Trockenhefe
1 – 2 TL Meersalz
3 EL Olivenöl
etwa 210 ml lauwarmes Wasser

Für die Zucchini-Tomaten-Füllung:
3 Frühlingszwiebeln
1 – 2 Knoblauchzehen
2 – 3 EL Olivenöl
1 ½ mittelgroße Zucchini
1 EL fein gehackter Thymian
1 TL fein gehackter Rosmarin
Meersalz
frisch gemahlener schwarzer Pfeffer
4 EL Tomatenmark
4 EL Mandelsahne (siehe Seite 41)
1 EL fein gehackter Oregano
1 große Tomate
2 EL Couscous

* Für den **Teig** das Mehl mit der Hefe, dem Salz und Öl vermischen.
* Unter Kneten in kleinen Portionen das Wasser hinzufügen. So lange kneten, bis der Teig geschmeidig ist und nicht mehr am Schüsselboden oder Schüsselrand klebt.
* Den Teig abgedeckt an einem warmen Ort 40 – 50 Minuten gehen lassen.
* Den Teig auf Backpapier dünn zu einem Rechteck ausrollen, das etwa so groß wie ein Backblech ist. Nochmals etwa 15 Minuten gehen lassen.

- Für die **Zucchini-Tomaten-Füllung** die Frühlingszwiebeln in feine Scheiben schneiden, den Knoblauch schälen und fein hacken. Beides im heißen Olivenöl anschwitzen.
- Die Zucchini der Länge nach halbieren und in feine Halbmonde schneiden. Zu den Frühlingszwiebeln und Knoblauchzehen in die Pfanne geben und so lange schmoren, bis die Zucchini anfangen, weich zu werden.
- Den Thymian und Rosmarin hinzufügen und mit Salz und Pfeffer abschmecken.
- Das Tomatenmark mit der Mandelsahne und dem Oregano verrühren und mit Salz und Pfeffer abschmecken. Auf dem Teig verstreichen, dabei einen äußeren Rand von etwa 2 cm Breite frei lassen.
- Das Zucchinigemüse mittig auf dem Teigrechteck verteilen und glatt streichen.
- Die Tomate in dünne Scheiben schneiden und auf den Zucchini verteilen. Mit etwas Salz und Pfeffer würzen und mit dem Couscous überstreuen.
- Den Teig nun von den beiden kurzen Seiten zur Mitte hin überschlagen, sodass eine große Teigtasche entsteht. Die Ränder jeweils gut zusammendrücken.
- Die *Fougasse* vorsichtig wenden, sodass die Nahtstelle unten liegt. Die *Fougasse* mit einem scharfen Messer in zwei gegenüberliegenden Längsreihen jeweils viermal schräg einschneiden, sodass eine Art »Fischgrätmuster« entsteht. Die Einschnitte mit den Fingern zu Löchern erweitern.
- Die *Fougasse* mit dem Weizenmehl überstäuben und im Backofen bei 200 °C 30 – 35 Minuten backen, bis die Füllung heiß und die Oberfläche knusprig ist.

Fougasse ist eine traditionelle Speise der Provence und wird in den meisten Bäckereien täglich frisch angeboten. Neben der Füllung mit Oliven, Knoblauch und Kräutern der Provence gibt es noch verschiedene andere Füllungen, zum Beispiel mit gerösteten Zwiebeln, mit Nüssen und Pinienkernen, mit in Öl eingelegten Tomaten und Oliven, mit gegrillten Paprikaschoten oder mit einer dünnen Schicht *Ratatouille.*

Karotten-Paprika-Kuchen
Flamiche aux carottes et poivrons

Für den Teig:
450 g Weizenmehl (Type 1050)
1 EL fein gehackter Majoran
1 TL Meersalz
1 Würfel frische Hefe (42 g)
1 TL Roh-Rohrzucker
5 EL lauwarmes Wasser für den Vorteig
3 EL Olivenöl
etwa 210 ml lauwarmes Wasser
1 EL Weizenmehl (Type 1050) zum Bestäuben

Für den Belag:
1 mittelgroße Zwiebel
1 – 2 Knoblauchzehen
5 – 6 EL Olivenöl (50 – 60 ml)
2 rote Paprikaschoten
3 große Karotten
5 EL Gemüsebrühe oder Wasser
4 EL geröstetes Kichererbsenmehl
200 ml Mandelsahne (siehe Seite 41)
1 ½ EL Weißweinessig
4 EL fein gehackte glatte Petersilie
1 EL fein gehackter Thymian
Meersalz
frisch gemahlener schwarzer Pfeffer
4 EL Pinienkerne

- Für den **Teig** das Mehl mit dem Majoran und Salz in einer Schüssel verrühren.
- In der Mitte des Mehls eine Mulde formen und die zerkrümelte Hefe hineingeben. Den Zucker und das lauwarme Wasser für den Vorteig zur Hefe geben und alles in der Mulde vorsichtig verrühren, wodurch sich die Hefe auflöst.
- Zwei bis drei Esslöffel Mehl vom Rand zur Hefe geben und den Vorteig abgedeckt an einem warmen Ort 15 – 20 Minuten gehen lassen.

- Das Öl zum Vorteig geben und von der Mitte her vermischen. Das Wasser in kleinen Portionen hinzufügen und alles zu einem glatten Teig verkneten, der nicht mehr am Schüsselboden und Schüsselrand klebt. Den Teig zur Kugel formen, mit dem Mehl überstäuben und an einem warmen Ort etwa 40 Minuten gehen lassen.
- Danach den Teig auf einem Stück Backpapier zu einem Rechteck ausrollen, das etwa so groß wie ein Backblech ist. Nochmals etwa 15 Minuten gehen lassen.
- Für den **Belag** die Zwiebel und den Knoblauch schälen, fein hacken und in 2 EL Olivenöl anschwitzen. Die Paprika in dünne Streifen schneiden. Zur Zwiebel und zum Knoblauch in die Pfanne geben und ebenfalls anschwitzen.
- Die grob geraspelten Karotten sowie die Gemüsebrühe oder das Wasser hinzufügen und alles so lange unter gelegentlichem Rühren schmoren, bis das Gemüse bissfest gegart ist.
- Das Kichererbsenmehl unterrühren. Die Mandelsahne, den Essig, die Petersilie und den Thymian hinzufügen und alles nochmals 3 – 4 Minuten schmoren. Herzhaft mit Salz und Pfeffer abschmecken.
- Das Gemüse vor der Weiterverarbeitung etwas abkühlen lassen. Danach auf den Teig geben und glatt streichen. Mit den verbliebenen 3 – 4 EL Öl überträufeln.
- Den Karotten-Paprika-Kuchen auf ein Backblech geben. Im Backofen bei 200 °C etwa 25 Minuten backen. 5 Minuten vor Ende der Backzeit mit den Pinienkernen überstreuen.
- Der Karotten-Paprika-Kuchen schmeckt heiß, direkt aus dem Ofen, oder auch abgekühlt sehr gut.

Flamiche ist ein Gemüsekuchen, der ursprünglich im Norden Frankreichs, in der Picardie, beheimatet ist. Der Teig wird traditionell mit Butter und Ei zubereitet und meist mit einer Lauch-Eier-Mischung belegt. Inzwischen wird *Flamiche* auch gern im Süden Frankreichs gegessen, wo man den Teig wie einen Brotteig mit Hefe zubereitet und mit zum Beispiel Karotten und Paprika belegt.

Kichererbsenkuchen aus Nizza
Socca niçoise au four

für 2 flache, feuerfeste Pfannen

500 ml Wasser
250 g geröstetes Kichererbsenmehl
2 TL Meersalz
6 EL Olivenöl (60 ml)
frisch gemahlener schwarzer Pfeffer

- Das Wasser in eine Schüssel gießen. Das Kichererbsenmehl einrieseln lassen, dabei ständig mit einem Schneebesen rühren. So lange rühren, bis ein cremiger, etwas flüssiger Teig entstanden ist. Sollte der Teig nicht klümpchenfrei sein, hilft es, ihn kurz mit dem Pürierstab durchzuarbeiten. Das Salz und 2 EL Olivenöl unterrühren und den Teig etwa 15 Minuten ruhen lassen.
- Den Backofen auf 220 °C vorheizen.
- Jeweils 2 EL Öl in die Pfannen geben und diese 2 – 3 Minuten im Backofen erhitzen. Den Teig auf die Pfannen verteilen und glatt streichen.
- Die Pfannen auf einem Rost oder Backblech in die oberste Schiene des Backofens schieben und den Teig 3 – 4 Minuten backen. Dann nur mit Oberhitze oder Grill (Maximaltemperatur) weiterarbeiten und den Teig 5 – 7 Minuten schön braun werden lassen. Dabei gut im Auge behalten. Wie bei einer Pizza darf er sehr braun werden, aber nicht verbrennen. Eventuell auftretende Bläschen mit einem spitzen Messer aufstechen.
- Den Kichererbsenkuchen aus dem Ofen nehmen, in Portionen teilen und jede Portion üppig mit Pfeffer bestreuen. Noch ofenheiß servieren.

☐ Weil in den meisten Backöfen nur eine Pfanne pro Schiene Platz findet, empfiehlt es sich, den Teig in zwei Arbeitsschritten zu backen. Dabei die fertig gebackene *Socca* nicht stehen lassen, sondern sofort servieren und dann erst die zweite Portion zubereiten.
Wenn keine entsprechenden Pfannen zur Verfügung stehen, kann man sich mit einer Tarteform oder runden Pizzaform behelfen.

Die Ursprünge des Kichererbsenkuchens können bis zum Jahr 1860 zurückverfolgt werden. Früher wurde die *Socca* als Morgenimbiss auf den Märkten gereicht oder den schwer arbeitenden Bauarbeitern direkt auf den Baustellen der Stadt von fliegenden Händlern angeboten. Einige dieser Händler beziehungsweise ihre modernen Nachfahren sind heute noch auf den Wochenmärkten von Nizza oder Toulon zu finden, wo die ofenheiße *Socca* direkt aus fahrbaren kleinen Holzöfen serviert wird.

Inzwischen hat sich die *Socca* auch in Restaurants als klassische Vorspeise etabliert. Wichtig ist, dass sie noch ofenheiß gegessen wird, weil sie schnell an Geschmack verliert.

Knoblauch-Oliven-Brot
Pain à l'ail et aux olives

Für den Vorteig:
½ Würfel frische Hefe (21 g)
1 TL Roh-Rohrzucker
100 ml lauwarmes Wasser
4 EL Weizenmehl (Type 1050)
4 Knoblauchzehen

Für den Teig:
20 entsteinte grüne Oliven
500 g Weizenmehl (Type 1050)
1 TL Meersalz
4 EL Olivenöl
4 EL fein gehacktes Basilikum
etwa 200 ml lauwarmes Wasser
1 EL Weizenmehl (Type 1050) zum Bestäuben
etwas Weizenmehl (Type 1050) für die Arbeitsfläche
grobes Meersalz

- Für den **Vorteig** die Hefe in einer kleinen Schüssel zerkrümeln.
- Den Zucker hinzufügen und beides mit 5 EL lauwarmem Wasser verrühren. Das Mehl und das restliche Wasser unterrühren und den Vorteig an einem warmen Ort 15 – 20 Minuten gehen lassen.
- Die Knoblauchzehen schälen, zerdrücken und unter den Vorteig rühren.
- Für den **Teig** die Oliven in dünne Scheiben schneiden.
- Das Mehl in eine Schüssel geben und mit dem Salz und Öl vermischen.
- In der Mitte des Mehls eine Mulde formen und den Vorteig hineingießen. Die Oliven und das Basilikum dazugeben. Von der Mitte her mit dem Mehl vermischen. Das Wasser in kleinen Portionen dazugeben und so lange kneten, bis ein geschmeidiger Teig entstanden ist, der nicht mehr am Schüsselboden oder Schüsselrand klebt. Den Teig zur Kugel formen, mit dem Mehl überstäuben und an einem warmen Ort etwa 45 Minuten gehen lassen.

- Danach den Teig vierteln und jedes Viertel auf der leicht bemehlten Arbeitsfläche zu einem etwa 1 cm dicken Fladen ausformen.
- Die Fladen auf mit Backpapier ausgelegte Backbleche legen. Nochmals 15 – 20 Minuten gehen lassen.
- Die Teigfladen mit etwas Salz überstreuen und im Backofen bei 200 °C etwa 20 Minuten backen. Noch lauwarm oder abgekühlt servieren.

Mangoldtorte
Tourte de blettes

Für den Teig:
300 g Weizenvollkornmehl
1 TL Weinsteinbackpulver
1 TL Meersalz
5 EL Olivenöl
etwa 160 ml Eiswasser

Für die Füllung:
2 Schalotten
2 Knoblauchzehen
2 EL Olivenöl
700 g Mangold
2 große Äpfel
6 getrocknete und entsteinte Datteln
3 EL Pinienkerne
1 EL fein gehackter Thymian
1 TL fein gehackter Rosmarin
1 EL frisch gepresster Zitronensaft
5 EL geröstetes Kichererbsenmehl
100 ml Mandelsahne (siehe Seite 41)
Meersalz
frisch gemahlener schwarzer Pfeffer
Olivenöl für die Form

- Für den **Teig** das Mehl mit dem Backpulver, Salz und Öl vermischen.
- Das Wasser in kleinen Portionen hinzufügen und alles zu einem glatten Teig verkneten. Den Teig zur Kugel formen, in Frischhaltefolie einschlagen und 60 Minuten im Kühlschrank ruhen lassen.
- Für die **Füllung** die Schalotten und Knoblauchzehen schälen, fein hacken und im heißen Öl anschwitzen. Den Mangold in feine Streifen schneiden und zu den Schalotten und Knoblauchzehen geben. So lange unter gelegentlichem Rühren schmoren, bis er knapp bissfest gegart ist.

- Die Äpfel fein würfeln und die Datteln in feine Scheiben schneiden. Die Apfelwürfel, Datteln, Pinienkerne, den Thymian, Rosmarin und Zitronensaft zur Mangoldzubereitung geben und 3 – 4 weitere Minuten schmoren.
- Das Kichererbsenmehl und die Mandelsahne unterrühren und die Mangoldzubereitung herzhaft mit Salz und Pfeffer abschmecken.
- Eine sehr gut eingeölte Tarteform (28 cm Durchmesser) mit dem Teig auskleiden. Mit den Zinken einer Gabel mehrmals in den Teigboden stechen.
- Den Teig im Backofen bei 200 °C etwa 5 Minuten vorbacken.
- Die Füllung darauf verteilen und glatt streichen. Die Mangoldtorte bei 200 °C etwa 25 Minuten fertig backen.
- Heiß oder auch abgekühlt genießen.

☐ Mangoldtorte ist eine Spezialität aus der Region Nizza, die entweder süß als Dessert oder auch herzhaft zubereitet als Hauptspeise und meistens abgekühlt serviert wird. In diesem speziellen Rezept erhält die herzhafte Mangoldfüllung durch die Äpfel und Datteln einen Hauch fruchtiger Süße, was diese als Hauptspeise servierte Torte ein wenig ungewöhnlich, aber sehr schmackhaft macht.

Minifladenbrot mit Kräutern der Provence
Mini fougasse aux herbes de provence

Für den Vorteig:
125 ml lauwarmes Wasser
1 Päckchen Trockenhefe
100 g Weizenmehl (Type 1050)

Für den Teig:
400 g Weizenmehl (Type 1050)
1 TL Meersalz
2 EL Olivenöl
etwa 150 ml lauwarmes Wasser
1 EL Weizenmehl (Type 1050) zum Bestäuben
etwas Weizenmehl (Type 1050) für die Arbeitsfläche

Für den Belag:
20 entsteinte schwarze Oliven
2 Knoblauchzehen
8 TL Olivenöl
8 TL getrocknete Kräuter der Provence

- Für den **Vorteig** das Wasser in eine Tasse gießen. Die Hefe einrieseln lassen und so lange rühren, bis sie sich komplett aufgelöst hat.
- Das Mehl in eine Schüssel geben. In der Mitte des Mehls eine Mulde formen und die angerührte Hefe hineingeben. Mit dem Mehl verrühren, sodass ein flüssiger Teig entsteht. Den Teig abgedeckt an einem warmen Ort etwa 30 Minuten gehen lassen. Das Volumen des Teigs sollte sich dabei etwa verdoppeln.
- Für den **Teig** das Mehl in eine Schüssel geben und mit dem Salz und Öl vermischen.
- In der Mitte des Mehls eine Mulde formen und den Vorteig hineingießen. Von der Mitte her mit dem Mehl verrühren. Das Wasser in kleinen Portionen hinzufügen und alles zu einem geschmeidigen Teig verkneten, der nicht mehr am Schüsselboden oder Schüsselrand klebt.
- Den Teig zur Kugel formen, mit dem Mehl überstäuben und abgedeckt an einem warmen Ort etwa 45 Minuten gehen lassen.

- Für den **Belag** die Oliven halbieren und in dünne Scheiben schneiden. Die Knoblauchzehen schälen und in hauchdünne Scheiben schneiden.
- Den Teig in vier Portionen teilen. Jede Portion auf der gut bemehlten Arbeitsfläche zu einem etwa 1 cm dicken Fladen ausrollen.
- Jeden Fladen halbseitig mit 1 TL Olivenöl bestreichen. Die Olivenscheiben und den Knoblauch auf den mit Öl bestrichenen Fladenhälften verteilen. Jede der vier mit Füllung belegten Fladenhälften mit 1 TL Kräuter der Provence überstreuen.
- Die freien Teighälften nun über die Füllungen schlagen und die Ränder gut andrücken.
- Die Fladen auf ein mit Backpapier ausgelegtes Backblech legen. Jeden Fladen mit 1 TL Olivenöl bestreichen und mit 1 TL Kräuter der Provence bestreuen.
- Mit einem scharfen Messer jeden Fladen »fischgrätförmig« in Abständen von etwa 2 cm einschneiden, dabei den äußeren Rand nicht beschädigen. Die Einschnitte mit den Fingern zu Löchern auseinanderziehen, damit sie sich beim Backen nicht wieder schließen.
- Die Fladen abgedeckt 15 weitere Minuten gehen lassen.
- Im Backofen bei 200 °C etwa 15 Minuten backen, bis sich die Oberflächen zu bräunen beginnen. Noch heiß servieren.

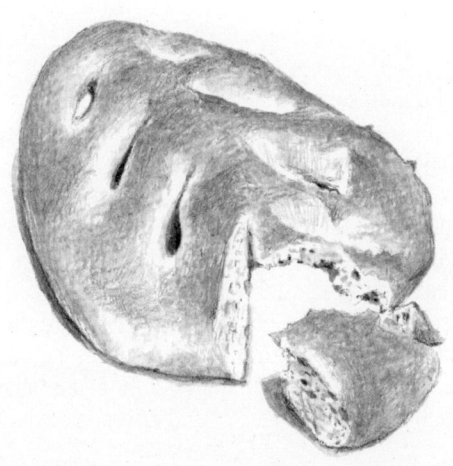

Rustikale Champignontarte
Tarte rustique aux champignons

Für die Champignonfüllung:
2 kleine Schalotten
1 – 2 Knoblauchzehen
2 – 3 EL Olivenöl
2 große Karotten
550 g braune Champignons
1 ½ EL Speisestärke
150 ml Mandelsahne (siehe Seite 41)
5 EL gehackte Mandeln
4 EL fein gehackte glatte Petersilie
1 EL fein gehackter Thymian
1 EL fein gehackter Rosmarin
2 TL grobkörniger Senf (Moutarde à l'ancienne)
1 TL milder Weißweinessig
Meersalz
frisch gemahlener schwarzer Pfeffer

Für den Teig:
450 g Weizenmehl (Type 1050)
1 ½ TL Weinsteinbackpulver
1 TL Meersalz
5 EL Olivenöl
etwa 210 ml Eiswasser

- Für die **Füllung** die Schalotten und Knoblauchzehen schälen, fein hacken und im heißen Öl anschwitzen. Die Karotten schälen und fein würfeln. Zu den Schalotten und Knoblauchzehen in die Pfanne geben und ebenfalls kurz anschwitzen.
- Die Champignons in Scheiben schneiden und zum Karottengemüse in die Pfanne geben. So lange schmoren, bis die Champignons keine Flüssigkeit mehr abgeben und weich sind.
- Die Speisestärke über das Gemüse stäuben, dann unterrühren. Mandelsahne, Mandeln, Kräuter, Senf und Essig hinzufügen und alles nochmals kurz erhitzen. Die Pfanne vom Herd nehmen, das Champignongemüse mit Salz und Pfeffer abschmecken und etwas abkühlen lassen.

- Für den **Teig** das Mehl mit dem Backpulver, Salz und Öl vermischen.
- Das Wasser in kleinen Portionen hinzufügen und alles zu einem geschmeidigen Teig verkneten. Den Teig zur Kugel formen, in Frischhaltefolie einschlagen und etwa 30 Minuten im Kühlschrank ruhen lassen.
- Den Teig auf Backpapier wie für eine (runde) Pizza etwa 5 mm dünn ausrollen oder mit den Fingern ausstreichen.
- Die Füllung auf dem Teig verteilen, dabei einen Rand von etwa 3 cm Breite frei lassen. Den Teigrand hochklappen und ein wenig zur Mitte hin andrücken.
- Die Tarte im Backofen bei 200 °C 30 – 35 Minuten backen.

Tomatentarte mit schwarzen Oliven
Tarte aux tomates et olives noires

2 Knoblauchzehen
5 EL Tomatenmark
3 EL Mandelsahne (siehe Seite 41)
1 EL scharfer Dijon-Senf (Moutarde de Dijon)
  oder anderer scharfer Senf
Meersalz
scharfes Paprikapulver
Olivenöl für die Form
1 Scheibe frischer Blätterteig (etwa 280 g),
  ersatzweise tiefgekühlter und aufgetauter Blätterteig
2 ½ EL Couscous
2 ½ – 3 Tomaten (je nach Größe)
frisch gemahlener schwarzer Pfeffer
15 entsteinte schwarze Oliven
3 EL fein gehacktes Basilikum
2 – 3 EL Olivenöl
3 – 4 EL Pinienkerne

- Die Knoblauchzehen schälen und zerdrücken. Das Tomatenmark mit der Mandelsahne, dem Senf und Knoblauch verrühren. Mit Salz und Paprikapulver abschmecken.
- Eine gut eingeölte Tarteform mit dem Blätterteig auskleiden.
- Die Tomatenmarkmischung auf dem Boden der Tarte verteilen. Den Couscous darüberstreuen.
- Die Tomaten in dünne Scheiben schneiden und fächerförmig auf dem Boden der Tarte verteilen. Mit etwas Salz und Pfeffer würzen.
- Die Oliven halbieren und auf den Tomaten verteilen. Das Basilikum darüberstreuen. Die Tomatentarte mit dem Öl beträufeln.
- Die Tarte bei 200 °C im Backofen etwa 40 Minuten backen.
- Etwa 5 Minuten vor Ende der Backzeit mit den Pinienkernen bestreuen.

Basilikum-Blätterteiggebäck
Feuilletés au pistou

für etwa 20 Gebäckstücke

1 Scheibe frischer Blätterteig (etwa 280 g),
  ersatzweise tiefgekühlter und aufgetauter Blätterteig
eventuell etwas Weizenmehl (Type 1050) für die Arbeitsfläche
5 – 6 EL Pistou (siehe Seite 69)
4 EL gehackte Mandeln
frisch gemahlener schwarzer Pfeffer

- Den Blätterteig auf der leicht bemehlten oder mit Backpapier ausgelegten Arbeitsfläche ausbreiten. (Den tiefgekühlten und aufgetauten Blätterteig zu einem Rechteck ausrollen.)
- Den Blätterteig gleichmäßig mit dem *Pistou* bestreichen.
- Die Mandeln darüber verteilen und alles mit etwas Pfeffer würzen.
- Den Blätterteig von einer der langen Seiten her aufrollen und die Nahtstelle gut andrücken. Die Blätterteigrolle mit der Nahtstelle nach unten auf die leicht bemehlte Arbeitsfläche oder ein Stück Backpapier legen und in gut 1 cm breite Scheiben schneiden.
- Die Blätterteigscheiben flach auf ein mit Backpapier ausgelegtes Backblech legen. Mit der Klinge eines breiten Messers oder dem Rücken eines Esslöffels etwas andrücken, sodass die Scheiben noch etwas flacher werden.
- Das Blätterteiggebäck im Backofen bei 200 °C etwa 20 Minuten backen, bis es schön gebräunt ist. Noch heiß, das heißt frisch aus dem Ofen, oder abgekühlt genießen.

Zucchini-Tomaten-Quiche
Quiche courgette-tomate

Für den Teig:
300 g Weizenmehl (Type 1050)
1 TL Meersalz
1 TL Weinsteinbackpulver
125 g schnittfeste hochwertige Pflanzenmargarine
etwa 60 ml Eiswasser
Olivenöl für die Form

Für die Füllung:
4 Frühlingszwiebeln
1 – 2 Knoblauchzehen
2 – 3 EL Olivenöl
2 mittelgroße Zucchini
2 Tomaten
2 EL fein gehackter Majoran
1 EL fein gehackter Thymian
2 EL Speisestärke
Meersalz
frisch gemahlener schwarzer Pfeffer

Für den Guss:
70 g geröstetes Kichererbsenmehl
1 TL mildes Paprikapulver
2 – 3 MSP frisch geriebene Muskatnuss
250 ml Mandelsahne (siehe Seite 41)
1 EL milder Weißweinessig
Meersalz

- Für den **Teig** das Mehl mit dem Salz und Backpulver vermischen.
- Die Margarine fein würfeln und unterrühren. Das Wasser in kleinen Portionen hinzufügen und alles zu einem glatten, etwas festen Teig verkneten. Den Teig zur Kugel formen, in Frischhaltefolie einschlagen und 30 Minuten im Kühlschrank ruhen lassen.

- Für die **Füllung** die Frühlingszwiebeln in feine Scheiben schneiden und den Knoblauch schälen und fein hacken. Beides im heißen Olivenöl anschwitzen.
- Die Zucchini der Länge nach halbieren und in feine Halbmonde schneiden. Zu den Frühlingszwiebeln und dem Knoblauch in die Pfanne geben und so lange schmoren, bis die Zucchinischeiben anfangen, weich zu werden.
- Die Tomaten würfeln und unterrühren. Den Majoran und Thymian hinzufügen und alles so lange schmoren, bis die Tomatenwürfel weich sind.
- Die Speisestärke über das Gemüse stäuben und verrühren. Mit Salz und Pfeffer abschmecken.
- Für den **Guss** das Kichererbsenmehl mit dem Paprikapulver und der Muskatnuss verrühren. Die Mandelsahne hinzufügen und den Guss glatt rühren. Den Essig hinzufügen und mit etwas Salz würzen.
- Eine gut eingeölte Tarteform (27 cm Durchmesser) mit dem Teig auskleiden.
- Die Füllung auf dem Teigboden verteilen und glatt streichen. Den Guss darübergeben und ebenfalls glatt streichen.
- Die Zucchini-Tomaten-Quiche im Backofen bei 200 °C 45 – 50 Minuten backen.

☐ Reste der Quiche schmecken auch kalt als kleiner Imbiss sehr lecker.

Beilagen
Garnitures

Dattelconfit
Confit de dattes

3 Zwiebeln (insgesamt etwa 300 g)
2 – 3 EL Olivenöl
1 Apfel
175 g getrocknete und entsteinte Datteln
2 EL Roh-Rohrzucker
2 EL Weißweinessig
1 EL fein gehackter Majoran
2 TL rotes Ras el-Hanout (Gewürzmischung für Couscous, siehe Seite 35)
Meersalz

- Die Zwiebeln schälen, fein würfeln und im heißen Olivenöl leicht anbräunen.
- Den fein gewürfelten Apfel, die in feine Scheiben geschnittenen Datteln, den Zucker rund Essig hinzufügen. Das Dattelconfit so lange unter gelegentlichem Rühren schmoren, bis die Zwiebeln sehr weich und die Apfelwürfel zerfallen sind.
- Den Majoran und Ras el-Hanout unterrühren und das Dattelconfit 3 – 4 weitere Minuten schmoren.
- Das Dattelconfit herzhaft mit Salz abschmecken und direkt aus der Pfanne oder auch abgekühlt servieren.

☐ Das Mengenverhältnis von Zwiebeln und Datteln sollte wie im Rezept angegeben möglichst eingehalten werden.

Gebackene Tomaten
Tomate confite

1 kg Flaschentomaten oder andere sehr aromatische Tomaten
4 – 5 EL Olivenöl
3 EL Rotweinessig
2 EL fein gehackter Thymian
1 EL fein gehackter Rosmarin
3 – 4 Knoblauchzehen
2 TL Meersalz
frisch gemahlener schwarzer Pfeffer
Olivenöl für das Backblech

- Die Tomaten halbieren und die grünen Strünke entfernen. Die Knoblauchzehen schälen und zerdrücken.
- Die Tomaten in eine große Schüssel geben und mit dem Öl und Essig, den fein gehackten Kräutern, dem Knoblauch, Salz und etwas Pfeffer vermischen (am besten mit den Händen). Die Mischung etwa 4 Stunden mit Frischhaltefolie abgedeckt an einem kühlen Ort ziehen lassen.
- Die Tomaten mit den Schnittflächen nach oben auf ein gut geöltes Backblech legen. Mit der abgetropften Marinade beträufeln und bei geringer Temperatur (50 – 70 °C) bis zu 4 Stunden im Backofen backen. Während des Backvorgangs zieht sich das Fruchtfleisch zusammen und bekommt einen intensiveren Geschmack. Zum Ende der Backzeit sollten die Tomaten zwar etwas zusammengeschrumpft, aber immer noch fleischig und saftig sein.
- Die fertigen Tomaten vor dem Servieren abkühlen lassen.

☐ Im Backofen gebackene Tomaten gehören zu den Klassikern der südfranzösischen Küche und werden gern als aromatische Beilage zu vielen Sommergerichten serviert. Man kann sie jedoch auch (vorsichtig) mundgerecht zerkleinern, mit etwas Olivenöl und Rotweinessig sowie Rosmarin und Basilikum würzen und als Salat reichen.
Wer einen Umluftherd besitzt, kann gleich mehrere Backbleche auf einmal zubereiten.
Obwohl die gebackenen Tomaten für den alsbaldigen Gebrauch bestimmt sind, halten sie sich, wenn man sie in ein Schraubglas füllt und mit Olivenöl bedeckt, im Kühlschrank eine gute Woche.

Gefüllte Auberginen
Aubergines farcies

2 mittelgroße Auberginen
feines Meersalz
1 rote Zwiebel
2 Knoblauchzehen
2 – 3 EL Olivenöl
4 Tomaten
75 g Sultaninen
1 ½ TL getrocknete Kräuter der Provence
frisch gepresster Saft einer halben kleinen Zitrone
75 g (Vollkorn-)Semmelbrösel
3 EL Tomatenmark
5 EL Pinienkerne
Meersalz
frisch gemahlener schwarzer Pfeffer
Olivenöl für die Form

- Die Auberginen der Länge nach halbieren und das Fruchtfleisch mit dem Messer oder einem Kugelausstecher ausstechen, sodass rundherum ein knapp 1 cm breiter Rand bleibt. Darauf achten, die Auberginenschalen nicht zu verletzen.
- Die ausgehöhlten Auberginenhälften mit reichlich Salz bestreuen und so lange ziehen lassen, bis die Füllung fertig ist.
- Für die Füllung die Zwiebel und den Knoblauch schälen, fein hacken und im heißem Olivenöl anschwitzen. Das Fruchtfleisch der Auberginen fein würfeln und zur Zwiebel und zum Knoblauch in die Pfanne geben. Kurz anbraten, dann die fein gewürfelten Tomaten, die Sultaninen, Kräuter der Provence und den Zitronensaft hinzufügen. Unter gelegentlichem Rühren so lange schmoren, bis die Auberginenwürfel weich und die Tomaten zerfallen sind.

- Die Semmelbrösel, das Tomatenmark und die Pinienkerne hinzufügen und das Auberginengemüse 3 – 4 weitere Minuten schmoren. Mit Salz und Pfeffer abschmecken.
- Die Auberginenhälften unter klarem Wasser abbrausen und danach sehr gut trockentupfen.
- Die Füllung auf die Auberginenhälften verteilen und glatt streichen.
- Die Auberginen in eine gut eingeölte Auflaufform legen und in den nicht vorgeheizten Backofen geben. Die Temperatur auf 200 °C einstellen und die Auberginen etwa 50 Minuten backen. Falls die Füllung zum Ende der Garzeit zu braun wird, die Auberginen mit etwas Backpapier abdecken.

□ Mit etwas Baguette und einem Salat wie dem Bohnensalat von Seite 45 schmecken die gefüllten Auberginen auch als Hauptspeise sehr gut. Damit alle satt werden, sollten Sie in diesem Fall die Zutatenmengen verdoppeln.

Gefüllte Paprika
Poivrons farcis

4 rote oder gelbe Paprikaschoten
200 g Baguette vom Vortag
200 ml Mandelmilch oder Reismilch (siehe Seite 39 oder 40)
4 Frühlingszwiebeln
2 Knoblauchzehen
2 EL Olivenöl
2 kleine Tomaten
10 entsteinte grüne Oliven
2 TL eingelegte Kapern
5 EL (Vollkorn-)Semmelbrösel
5 EL Couscous
1 EL fein gehackter Thymian
1 EL fein gehackter Rosmarin
Meersalz
frisch gemahlener schwarzer Pfeffer
Olivenöl für die Form
5 – 6 EL grob gehackte Pinienkerne

- Die Paprika der Länge nach halbieren und entkernen.
- Das Baguette würfeln, mit der Mandelmilch übergießen und etwa 10 Minuten ziehen lassen.
- Die Frühlingszwiebeln in feine Scheiben schneiden, den Knoblauch schälen und fein hacken. Die Frühlingszwiebeln und den Knoblauch im heißen Olivenöl anschwitzen.
- Die Tomaten grob würfeln und mit dem eingeweichten Baguette in ein hochwandiges Rührgefäß geben. Die grob zerkleinerten Oliven und Kapern hinzufügen und alles mit dem Pürierstab fein zerkleinern.
- Die Frühlingszwiebelmischung zur Baguette-Tomaten-Mischung geben. Die Semmelbrösel, den Couscous sowie den Thymian und Rosmarin unterrühren.
- Die Mischung mit Salz und Pfeffer würzen und die Paprikahälften damit füllen.
- Die Paprikahälften in eine gut eingeölte Auflaufform setzen und in den nicht vorgeheizten Backofen geben. Die Temperatur auf 200 °C einstellen und die Paprika etwa 45 Minuten backen. 5 Minuten vor Ende der Backzeit die Paprika mit den Pinienkernen überstreuen.

Gefüllte Tomaten
Tomates farcies

4 Fleischtomaten
Meersalz
frisch gemahlener schwarzer Pfeffer
1 Schalotte
2 Knoblauchzehen
2 – 3 EL Olivenöl
2 Zucchini
10 entsteinte schwarze Oliven
2 TL eingelegte Kapern
5 EL Mandelsahne (siehe Seite 41)
4 EL geröstetes Kichererbsenmehl
1 EL Weißweinessig
1 TL fein gehackter Thymian
1 TL fein gehackter Oregano
Olivenöl für die Form

- Von den Tomaten jeweils einen Deckel abschneiden. Das Fruchtfleisch im Tomateninneren auskratzen und anderweitig verwenden.
- Die ausgehöhlten Tomaten innen mit etwas Salz und Pfeffer würzen.
- Die Schalotte und die Knoblauchzehen schälen, fein hacken und im heißen Öl anschwitzen. Die Zucchini raspeln und zur Schalotte und zum Knoblauch in die Pfanne geben. So lange schmoren, bis die Zucchiniraspel weich und zusammengefallen sind.
- Die in feine Scheiben geschnittenen Oliven und die fein gehackten Kapern unterrühren. Die Mandelsahne, das Kichererbsenmehl, den Essig, Thymian und Oregano hinzufügen und alles gut verrühren. Die Füllung herzhaft mit Salz und Pfeffer abschmecken.
- Die Füllung in die Tomaten geben und die Deckel der Tomaten aufsetzen.
- Die Tomaten in eine gut eingeölte Auflaufform setzen und in den nicht vorgeheizten Backofen geben. Die Temperatur auf 200 °C einstellen und die Tomaten etwa 35 Minuten backen.

Gefüllte Zucchini
Courgettes farcies

4 mittelgroße Zucchini
6 EL Olivenöl (60 ml)
Meersalz
frisch gemahlener schwarzer Pfeffer
5 EL Pinienkerne
2 Schalotten
2 Knoblauchzehen
1 TL getrocknete Kräuter der Provence
5 – 6 EL (Vollkorn-)Semmelbrösel
140 g Tomatenmark
5 – 6 EL rote Tapenade *(siehe Seite 75)*
3 EL blanchierte und gemahlene Mandeln
1 TL mildes Paprikapulver

- Die Zucchini der Länge nach halbieren. Mit einem scharfkantigen Löffel oder einem Kugelausstecher aushöhlen und auf ein mit Backpapier ausgelegtes Backblech geben.
- Jede Zucchinihälfte mit 1 TL Olivenöl einstreichen, etwas salzen und pfeffern und im Backofen bei 160 °C etwa 15 Minuten vorgaren.
- Das Zucchinifleisch fein würfeln.
- Die Pinienkerne in der trockenen Pfanne kurz anrösten, bis sie duften.
- Die Schalotten und Knoblauchzehen schälen, fein hacken und in den restlichen 2 EL Öl anschwitzen. Das Zucchinifleisch und die Kräuter der Provence dazugeben und so lange schmoren, bis das Zucchinigemüse weich ist.
- Das Zucchinigemüse mit den Pinienkernen, den Semmelbröseln, dem Tomatenmark, der *Tapenade* und den Mandeln vermischen. Mit Paprikapulver, Salz und Pfeffer abschmecken.
- Die Füllung auf die Zucchinihälften verteilen und glatt streichen.
- Die Zucchini bei 180 °C 10 – 15 weitere Minuten in den Backofen geben.

Gewürzkürbis aus dem Backofen
Potimarron rôti aux épices

1 großer Hokkaidokürbis (etwa 1 ¾ kg)
2 – 3 Knoblauchzehen
5 – 6 EL Olivenöl (50 – 60 ml)
2 EL Rotweinessig
2 – 2 ½ TL rotes Ras el-Hanout
  (Gewürzmischung für Couscous, siehe Seite 35)
grobes Meersalz

- Den Kürbis kurz abbrausen, trockentupfen und halbieren. Die Samen-stränge und Kerne auskratzen und den Kürbis in dünne Spalten schnei-den. Die Kürbisspalten auf zwei mit Backpapier ausgelegte Backbleche verteilen.
- Die Knoblauchzehen schälen und zerdrücken. Das Öl mit dem Essig, dem Knoblauch und dem Ras el-Hanout verrühren.
- Die Kürbisspalten von beiden Seiten dünn mit dem Öl bestreichen. Mit etwas Salz überstreuen.
- Den Kürbis im Backofen bei 180 °C etwa 50 Minuten backen, bis er weich und schön gebräunt ist.

Gratiniertes Zucchini-Kartoffel-Püree
Tian de courgettes à la Vauclusienne

1 große Zwiebel
2 Knoblauchzehen
4 – 5 EL Olivenöl
1 kg Zucchini
4 mittelgroße Kartoffeln
250 ml Gemüsebrühe
2 ½ EL Weizenmehl (Type 1050)
4 EL fein gehackte glatte Petersilie
1 EL fein gehackter Majoran
1 TL fein gehackter Thymian
Meersalz
frisch gemahlener weißer Pfeffer
Olivenöl für die Form

- Die Zwiebel und den Knoblauch schälen, fein hacken und in 2 – 3 EL heißem Olivenöl anschwitzen.
- Die Zucchini und die geschälten Kartoffeln würfeln. Die Zucchini zur Zwiebel und zum Knoblauch in den Topf geben und kurz anschwitzen. Die Kartoffelwürfel und die Gemüsebrühe hinzufügen und das Gemüse unter gelegentlichem Rühren etwa 20 Minuten sehr weich kochen.
- Das Gemüse mit einem Kartoffelstampfer zerstampfen.
- Das Mehl durch ein Sieb streichen und unterrühren. Die Petersilie, den Majoran und Thymian unterziehen. Das Püree 3 – 4 weitere Minuten köcheln lassen.
- Danach mit Salz und Pfeffer abschmecken, in eine gut eingeölte flache Auflaufform geben und glatt streichen. Mit den restlichen 2 EL Öl überträufeln und im Backofen bei 200 °C mit eingeschaltetem Grill oder Oberhitze knapp 10 Minuten gratinieren.

☐ Zucchini und Kartoffeln in einem schmackhaften Püree zu kombinieren, ist in der Region Vaucluse sehr beliebt.
Bestimmen Sie selbst, wie fein das Püree sein soll. Wenn Sie es nur kurz mit dem Kartoffelstampfer bearbeiten, bleiben noch kleine Stückchen der Zucchini- und Kartoffelwürfel erhalten, was das Gericht rustikaler macht. Das Püree wird sehr fein, wenn Sie es sehr gründlich zerstampfen oder die gekochten Zucchini und Kartoffeln durch ein Passiersieb streichen.

Ofenkartoffeln mit Rosmarin und Meersalz
Pommes de terre au four au romarin et gros sel

1 ¼ kg etwa gleich große Kartoffeln
3 – 4 Knoblauchzehen
frisch gepresster Saft einer halben Zitrone
4 – 5 EL Olivenöl
1 ½ TL mildes Paprikapulver
½ TL scharfes Paprikapulver
2 TL grobes Meersalz
frisch gemahlener schwarzer Pfeffer
Olivenöl für die Form
3 kleine Zweige Rosmarin
4 – 6 Blätter Salbei

- Die Kartoffeln unter fließendem Wasser abbürsten, trockentupfen und je nach Größe der Länge nach halbieren oder vierteln. Die Knoblauchzehen schälen und zerdrücken.
- Die Kartoffeln in eine Schüssel geben und mit dem Zitronensaft, Öl, Paprikapulver, Salz, den Knoblauchzehen und etwas Pfeffer vermischen.
- Die Kartoffeln in eine gut eingeölte große Auflaufform geben. Die Rosmarinzweige und Salbeiblätter zwischen den Kartoffeln verteilen.
- Die Kartoffeln in den nicht vorgeheizten Backofen geben und die Temperatur auf 200 °C einstellen. Die Kartoffeln etwa 90 Minuten oder so lange backen, bis sie schön knusprig und gebräunt sind, dabei zwei bis drei Mal vorsichtig wenden.

☐ Die tatsächliche Garzeit hängt von der Größe der Kartoffelhälften oder -viertel ab.

Quetschkartoffeln mit Safran
Pommes de terre écrasées au safran

1 kg Kartoffeln
Meersalz
2 – 3 Safranfäden (0,2 – 0,3 g)
1 – 2 EL heißes Wasser
6 – 7 EL Olivenöl (60 – 70 ml)

- Die Kartoffeln als Pellkartoffeln in reichlich Salzwasser weich kochen.
- Das Kochwasser abgießen und die Kartoffeln kurz ausdampfen lassen. Danach pellen und mit einer Gabel grob zerquetschen, nicht pürieren oder mit dem Kartoffelstampfer zerdrücken.
- Die Safranfäden im heißen Wasser einweichen. Die Fäden mit dem Wasser zum Öl geben und die Ölmischung vorsichtig mit den Kartoffeln vermischen.
- Mit etwas Salz würzen und servieren.

Überbackene Tomaten
Tomates à la provençale

4 Fleischtomaten
1 Bund glatte Petersilie
2 – 3 Knoblauchzehen
8 EL (Vollkorn-)Semmelbrösel (70 g)
Meersalz
frisch gemahlener schwarzer Pfeffer
Olivenöl für die Form
8 TL Olivenöl

- Die Tomaten halbieren.
- Die Petersilie kurz abbrausen, trockentupfen und fein hacken.
- Die Knoblauchzehen schälen, zerdrücken und mit den Semmelbröseln und der Petersilie vermischen. Mit Salz und Pfeffer würzen.
- Die Tomatenhälften in eine gut eingeölte Auflaufform geben. Die Semmelbrösel-Kräuter-Zubereitung auf den Tomatenhälften verteilen. Jede Hälfte mit 1 TL Öl beträufeln.
- Die Tomaten im Backofen mit eingeschaltetem Grill oder bei Oberhitze bei 200 °C etwa 15 Minuten gratinieren, bis die Semmelbrösel schön gebräunt sind.

Weiße Bohnen in Rotweinsauce
Haricots blancs au vin rouge

300 g getrocknete weiße Bohnen
Wasser zum Einweichen und Kochen der Bohnen
1 Zwiebel
2 Knoblauchzehen
4 EL Olivenöl
2 Karotten
2 mittelgroße Kartoffeln
200 ml Wasser
2 Lorbeerblätter
200 ml trockener Rotwein,
*   ersatzweise Tomatensaft mit 1 EL Rotweinessig*
1 EL fein gehackter Thymian
1 EL fein gehackter Rosmarin
140 g Tomatenmark
Meersalz
frisch gemahlener schwarzer Pfeffer

- Die Bohnen in Wasser einweichen, dann bissfest garen (siehe Seite 37). Danach in einen Durchschlag geben und gut abtropfen lassen.
- Die Zwiebeln und Knoblauchzehen schälen, fein hacken und in 2 EL heißem Olivenöl anschwitzen.
- Die Karotten und Kartoffeln schälen und mittelfein würfeln. Zu den Zwiebeln und dem Knoblauch in den Topf geben. Das verbliebene Öl hinzufügen und alles kurz anschwitzen. Mit dem Wasser ablöschen.
- Den Lorbeer dazugeben, den Deckel auf den Topf legen und so lange schmoren, bis die Kartoffeln und Karotten knapp bissfest gegart sind.
- Die Bohnen und den Rotwein sowie die gehackten Kräuter hinzufügen und unter gelegentlichem Rühren nochmals gut 15 Minuten schmoren.
- Die Lorbeerblätter entfernen und das Tomatenmark unterrühren. Die Bohnen 3 – 4 weitere Minuten schmoren und herzhaft mit Salz und Pfeffer abschmecken.

☐ Zu Reis, Nudeln, dem gratinierten Zucchini-Kartoffel-Püree von Seite 132 oder den Kichererbsenplätzchen von Seite 56 servieren.
Wie die meisten Bohnengerichte schmecken die weißen Bohnen in Rotweinsauce am nächsten Tag aufgewärmt (fast) noch besser.

Zwiebelconfit
Confit d'oignons

750 g Zwiebeln
2 – 3 EL Olivenöl
80 g Roh-Rohrzucker
125 g Sultaninen
5 – 6 EL milder Weißweinessig (50 – 60 ml)
2 – 3 EL fein gehackter Thymian
Meersalz
frisch gemahlener schwarzer Pfeffer

- Die Zwiebeln schälen, halbieren und in feine Halbmonde schneiden.
- Das Öl in einer großen Pfanne erhitzen und die Zwiebeln darin leicht anbräunen.
- Den Zucker hinzufügen und so lange rühren, bis er sich aufgelöst hat.
- Die Sultaninen, den Essig und Thymian hinzufügen und alles unter gelegentlichem Rühren so lange schmoren, bis die Zwiebeln weich sind und anfangen, zu zerfallen.
- Das Zwiebelconfit herzhaft mit Salz und Pfeffer abschmecken und noch heiß oder abgekühlt servieren.

☐ Das Zwiebelconfit schmeckt gut zum Gewürzkürbis von Seite 131, zu den Kichererbsenplätzchen von Seite 56, zum Minifladenbrot von Seite 116 oder zu knusprigem Baguette zu jeder Jahreszeit. Für eine köstliche sommerliche Variante des Zwiebelconfits können Sie die Blüten von 2 – 3 Lavendelzweigen in ein Gewürzsieb oder großes Tee-Ei geben und mitschmoren lassen.

Nachspeisen
Desserts

Feigenauflauf mit Rosmarin
Clafoutis aux figues et romarin

4 große oder 6 kleine frische Feigen
Olivenöl für die Form
4 EL Roh-Rohrzucker
1 TL fein gehackter Rosmarin
150 g Weizenmehl (Type 1050)
1 Päckchen Bourbon-Vanillezucker
1 knapp gestrichener TL Weinsteinbackpulver
4 MSP gemahlener Zimt
3 EL Olivenöl
300 ml Mandelmilch oder Reismilch (siehe Seite 39 oder 40)
3 – 4 EL Mandelblättchen

- Die Feigen in dünne Scheiben schneiden und fächerförmig in eine gut eingeölte Auflaufform geben. Mit 1 EL Zucker und dem Rosmarin überstreuen.
- Das Mehl mit dem Vanillezucker, Backpulver und Zimt vermischen. Das Öl und die Mandelmilch hinzufügen und alles zu einem glatten Teig verrühren.
- Den Teig über die Feigen gießen und glatt streichen.
- Mit den restlichen 3 EL Zucker überstreuen.
- Den Feigenauflauf in den Backofen geben und bei 180 °C 30 – 35 Minuten backen. Etwa 5 Minuten vor Ende der Backzeit mit den Mandelblättchen überstreuen.

Marinierte Vanille-Erdbeeren
Fraises vanillées à l'huile d'olive

80 – 90 ml sehr mildes Olivenöl
1 Vanilleschote
500 g kleine Erdbeeren
200 g frische Himbeeren
1 unbehandelte Limette
50 g fein gesiebter Puderzucker
ein paar Blättchen Minze

- Das Öl in einen kleinen Topf geben.
- Die Vanilleschote längs aufschlitzen und das Mark auskratzen. Zum Öl in den Topf geben und bei geringer Temperatur etwa 3 Minuten erhitzen (nicht kochen!). Beiseite stellen und etwa 15 Minuten ziehen lassen.
- Die Erdbeeren kurz abbrausen, vorsichtig trockentupfen und von ihren Stielen befreien.
- Die Himbeeren verlesen und mit feuchtem Küchenpapier abtupfen.
- Die Erdbeeren und Himbeeren in eine Schüssel geben.
- Von der Limette die Schale abreiben.
- Den Puderzucker mit der Limettenschale vermischen und zu den Erdbeeren und Himbeeren in die Schüssel geben. 2 – 3 Spritzer Saft der abgeriebenen Limette hinzufügen und alles vorsichtig vermischen.
- Die Früchte auf vier Desserttellern verteilen und mit dem Vanilleöl beträufeln. Mit den Minzeblättchen garnieren und servieren.

☐ Anstelle der Himbeeren können Sie auch 200 g Johannisbeeren verwenden.

Mandel-Orangen-Küchlein
Mini-gateaux aux amandes et à l'orange

für 12 kleine Mandel-Orangen-Küchlein

250 g Weizenmehl (Type 1050)
200 g gemahlene Mandeln,
*   vorzugsweise von der Herstellung der selbst gemachten*
*   Mandelmilch (siehe Seite 39)*
100 g Roh-Rohrzucker
1 TL Weinsteinbackpulver
1 MSP feines Meersalz
5 EL Olivenöl
100 ml frisch gepresster Orangensaft
abgeriebene Schale einer unbehandelten Orange
Olivenöl für die Form

- Das Mehl mit den Mandeln, dem Zucker, Backpulver und Salz vermischen.
- Das Öl, den Orangensaft und die Orangenschale hinzufügen und alles zu einem glatten Teig verrühren.
- Den Teig auf 12 gut eingeölte Muffinförmchen verteilen oder in 12 gut mit Öl eingestrichene Papierförmchen füllen und glatt streichen.
- Die Mandel-Orangen-Küchlein im Backofen bei 180 °C etwa 22 Minuten backen.

□ Dies ist eine sehr schmackhafte und schnelle Form der gekonnten »Resteverwertung«. Falls Sie nicht die von der Herstellung der Mandelmilch übrig gebliebenen Mandeln, sondern »normale« gemahlene Mandeln verwenden, kann es sein, dass Sie etwas mehr Orangensaft oder ein wenig zusätzliches Wasser verwenden müssen, weil die Mandeln trockener sind.

Zitronen-Lavendel-Sorbet
Sorbet citron-lavande

125 g Puderzucker
200 ml Wasser
3 unbehandelte Zitronen
300 ml trockener Weißwein,
  ersatzweise ungesüßter heller Traubensaft
  mit 1 – 2 EL mildem Weißweinessig
1 ½ TL frische oder getrocknete Lavendelblüten

- Den Zucker und das Wasser in einen Topf geben und unter Rühren erhitzen. So lange rühren, bis sich der Zucker komplett aufgelöst hat.
- Von 2 Zitronen die Schalen in Zesten mit einem Zestenreißer ablösen (siehe Seite 36). Alle Zitronen auspressen.
- Den Zitronensaft, die Zitronenzesten, den Wein und die Lavendelblüten zum Zuckerwasser in den Topf geben und alles kurz zum Kochen bringen. Noch 2 – 3 Minuten köcheln lassen, dann den Topf vom Herd nehmen und die Flüssigkeit auf Zimmertemperatur abkühlen lassen.
- Die Flüssigkeit durch ein feines Sieb geben. In eine flache Schüssel füllen und ins Gefrierfach geben. Das Sorbet während des Gefrierens etwa alle 30 Minuten von den Rändern der Schüssel aus mit einem Spatel oder einer Gabel umrühren. So lange wiederholen, bis das Sorbet gefroren ist (dies dauert gut 4 Stunden).
- Das Sorbet aus dem Gefrierschrank nehmen, kurz (etwa 5 Minuten) antauen lassen und auf Dessertschalen verteilen.

☐ Sie können das Sorbet auch am Vortag zubereiten und im Gefrierfach komplett durchfrieren lassen. Nehmen Sie das Sorbet dann etwa 10 Minuten vor dem Servieren aus dem Gefrierfach und lassen Sie es antauen. Zerkleinern Sie es grob mit einem Messer und geben Sie die Sorbetstücke in den Mixbehälter der Küchenmaschine. Lassen Sie die Küchenmaschine so lange laufen, bis das Sorbet eine cremige Konsistenz hat und servierbereit ist.
Dieses fruchtige Sorbet ist ein leichtes, kühlendes Dessert an heißen Sommertagen, kann aber auch als Zwischengang (zum Beispiel vor der Hauptspeise) eines mehrgängigen Menüs serviert werden.

Flambierte Crêpes in Orangensauce
Crêpes Suzette

Für die Crêpes:
175 g Weizenmehl (Type 1050)
2 EL Speisestärke
2 EL Roh-Rohrzucker
1 MSP feines Meersalz
1 EL Sonnenblumenöl
350 ml Mandelmilch oder Reismilch (siehe Seite 39 oder 40)
hitzebeständiges Pflanzenöl zum Braten

Für die Orangensauce:
1 unbehandelte Zitrone
1 große unbehandelte Orange
100 g Roh-Rohrzucker
3 EL Wasser
200 ml frisch gepresster Orangensaft
80 ml Triple sec Bitterorangenlikör

- Für die **Crêpes** das Mehl mit der Speisestärke, dem Zucker, Salz und Sonnenblumenöl verrühren.
- Unter ständigem Rühren die Mandelmilch hinzufügen und so lange rühren, bis ein glatter Teig entstanden ist. Sollte der Teig dann noch Klümpchen aufweisen, hilft es, ihn kurz mit dem Pürierstab durchzumixen. Den Teig abgedeckt etwa 30 Minuten ruhen lassen. Danach noch einmal gründlich durchrühren.
- Etwas Öl zum Braten in einer beschichteten flachen Pfanne oder einer Crêpespfanne erhitzen.
- Eine große Schöpfkelle Teig in die Pfanne geben und den Teig durch Drehen der Pfanne gleichmäßig darin verteilen. Die *Crêpe* auf der unteren Seite leicht anbräunen. Dann wenden und auf dieser Seite ebenfalls leicht anbräunen. Die fertige *Crêpe* aus der Pfanne nehmen und auf einen flachen Teller legen.
- So weiterverfahren, bis der Teig aufgebraucht ist.
- Für die **Orangensauce** von der Zitrone die Schale mit einem Zestenreißer ablösen (siehe Seite 36). Die Zitrone auspressen.

- Von der Orange die Schale ebenfalls mit einem Zestenreißer ablösen. Die Orange danach so weit schälen, dass auch die weiße Innenhaut entfernt wird. Die Orange in 8 dünne Scheiben schneiden.
- Den Zucker mit dem Wasser in eine große Pfanne geben und so lange unter Rühren erhitzen, bis der Zucker anfängt, zu karamellisieren. Mit dem Orangensaft ablöschen.
- Die Zitronenzesten und den Zitronensaft sowie die Orangenzesten in die Pfanne geben. Die Sauce etwa 5 Minuten köcheln lassen, dann die Orangenscheiben kurz (nicht länger als 1 Minute) in die Sauce geben. Die Orangenscheiben aus der Pfanne nehmen und vorsichtig auf einen flachen Teller legen.
- Die Sauce durch ein feines Sieb streichen (in dem die Zesten aufgegangen werden) und zurück in die Pfanne geben. Unter gelegentlichem Rühren so lange einkochen, bis die Sauce dickflüssig wird.
- Die Hälfte des Orangenlikörs unterrühren.
- Die jeweils zu einem Viertelkreis zusammengefalteten *Crêpes* in die Pfanne geben und von jeder Seite etwa 2 Minuten in der Sauce ziehen lassen.
- Den verbliebenen Orangenlikör in einem kleinen Topf oder Pfännchen erhitzen.
- Die Pfanne mit den *Crêpes* vom Herd nehmen und auf einen feuerfesten Untergrund stellen. Den Orangenlikör über die *Crêpes* gießen und sofort mit einem langen Streichholz anzünden. Die Flamme ausbrennen lassen, die *Crêpes* auf vier Dessertteller verteilen, die Orangenscheiben hinzufügen und servieren.

☐ Diese feine und raffinierte Süßspeise gehört sowohl in der Provence als auch in ganz Frankreich zu den Klassikern der französischen Dessertküche, sodass sie auch in diesem Buch nicht fehlen darf.
Der Bitterorangenlikör und das Flambieren geben den *Crêpes Suzette* das gewisse Etwas. Wenn Kinder mitessen oder Sie auf den Alkohol verzichten möchten, können Sie die *Crêpes* jedoch auch ohne Bitterorangenlikör zubereiten. Verwenden Sie bei der alkoholfreien Variante insgesamt 250 ml Orangensaft, dem Sie 2 EL Orangenblütenwasser hinzufügen, und servieren Sie die *Crêpes,* ohne sie abschließend zu flambieren.

Pastiskuchen
Gateau au pastis

1 große reife Banane
125 g Roh-Rohrzucker
1 MSP feines Meersalz
5 EL Olivenöl
300 g Weizenmehl (Type 1050)
1 TL Weinsteinbackpulver
½ Vanilleschote
200 ml Mandelmilch oder Reismilch (siehe Seite 39 oder 40)
5 EL Pastis (Anisschnaps),
  ersatzweise Anis-Sirup
1 EL milder Weißweinessig
Olivenöl für die Form
2 – 3 EL fein gesiebter Puderzucker

- Die Banane schälen, in Scheiben schneiden und mit einer Gabel zermusen. Mit dem Zucker, Salz und Öl ein wenig schaumig rühren.
- Das Mehl mit dem Backpulver und dem ausgekratzten Mark der Vanilleschote vermischen.
- Die Bananen-Zucker-Mischung zum Mehl geben und alles gut verrühren.
- Die Mandelmilch und den Pastis hinzufügen und alles zu einem glatten, cremigen Teig verrühren. Den Essig unterziehen.
- Den Teig in eine gut eingeölte Tarteform (26 cm Durchmesser) geben und glatt streichen.
- Den Pastiskuchen bei 180 °C im Backofen 30 – 35 Minuten backen.
- Nach dem Abkühlen mit dem Puderzucker bestäuben.

Schokoladenmousse mit Orangen
Mousse au chocolat et à l'orange

125 g Zartbitterschokolade
250 ml Mandelmilch oder Reismilch (siehe Seite 39 oder 40)
5 EL Roh-Rohrzucker
2 TL Johannisbrotkernmehl
2 Orangen
4 MSP abgeriebene Orangenschale
150 ml Mandelsahne (siehe Seite 41)
3 EL Triple sec Bitterorangenlikör

* Die Schokolade im Wasserbad schmelzen.
* Die Mandelmilch und den Zucker in einen Topf geben und unter Rühren erhitzen, bis sich der Zucker aufgelöst hat. Das Johannisbrotkernmehl einrühren und die Mandelmilch unter Rühren kurz zum Kochen bringen.
* Den Topf vom Herd nehmen und die geschmolzene Schokolade unterrühren.
* Eine Orange auspressen. Den Orangensaft, die abgeriebene Orangenschale, die Mandelsahne und den Bitterorangenlikör zur Schokoladenzubereitung geben und alles zu einer glatten Creme verrühren.
* Die Schokoladenmousse in vier Dessertschälchen oder auch Kaffeetassen füllen und im Kühlschrank gut durchkühlen lassen.
* Zum Servieren die zweite Orange so weit schälen, dass auch die weiße Innenhaut entfernt wird. Die Orange in feine Spalten schneiden und die Schokoladenmousse damit garnieren.

☐ Wenn Sie auf den Alkohol verzichten möchten, können Sie anstelle des Bitterorangenlikörs 2 EL Orangenblütenwasser verwenden.

Frittierte Teigblätter
Oreillettes

300 g Weizenmehl (Type 1050)
1 TL Weinsteinbackpulver
1 MSP feines Meersalz
4 EL Roh-Rohrzucker
3 – 4 MSP abgeriebene Zitronenschale
3 EL Orangenblütenwasser
5 EL Mandelsahne (siehe Seite 41)
60 ml kaltes Sonnenblumenöl
4 – 5 EL kalte Mandelmilch (40 – 50 ml) (siehe Seite 39)
Weizenmehl (Type 1050) für die Arbeitsfläche
etwa 250 ml hitzebeständiges Pflanzenöl zum Frittieren
5 – 6 EL fein gesiebter Puderzucker

- Das Mehl mit dem Backpulver, Salz, dem Zucker und der Zitronenschale vermischen.
- Das Orangenblütenwasser, die Mandelsahne und das Öl unterrühren. Die Mandelmilch hinzufügen und alles schnell zu einem glatten, geschmeidigen Teig verkneten.
- Den Teig zur Kugel formen, in Frischhaltefolie einschlagen und 12 – 15 Stunden im Kühlschrank ruhen lassen.
- Den Teig auf der gut bemehlten Arbeitsfläche dünn zu einem Rechteck ausrollen. Das Rechteck in Streifen von etwa 3 cm Breite schneiden. Die Streifen in kleine Rauten oder kleine Rechtecke schneiden. Jede Raute oder jedes Rechteck zweimal schräg einschneiden.
- Die Teigblätter auf ein frisches Geschirrtuch legen und etwa 20 Minuten ruhen lassen.
- Das Öl zum Frittieren in einer Pfanne erhitzen und die Teigblätter darin in mehreren Portionen unter mehrmaligem Wenden (mithilfe von zum Beispiel zwei Gabeln) von beiden Seiten ausbacken, bis sie leicht gebräunt sind.
- Die Teigblätter auf Küchenpapier abtropfen lassen.
- Danach mit dem Puderzucker überstäuben und servieren.

☐ Falls Reste der *Oreillettes* übrig bleiben, halten sich diese, in einer verschließbaren Dose an einem kühlen Ort aufbewahrt, eine knappe Woche.

Die *Oreillettes* sind Teil der 13 Desserts, die traditionell zu Weihnachten serviert werden. Sie werden jedoch außerdem gern zwischen dem Neujahrstag und Faschingsdienstag, also in den Wochen vor der österlichen Fastenzeit, genascht.

Schokoladentorte
Tarte au chocolat

300 g Weizenmehl (Type 1050)
1 MSP feines Meersalz
2 TL Weinsteinbackpulver
75 g ungesüßtes Kakaopulver
1 kleine Banane
100 g Roh-Rohrzucker
5 EL Olivenöl
300 ml Mandelmilch (siehe Seite 39)
125 g Zartbitterschokolade
2 EL milder Weißweinessig
Olivenöl oder hochwertige Pflanzenmargarine für die Form

Für den Schokoladenguss:
50 g Zartbitterschokolade
2 EL schnittfeste hochwertige Pflanzenmargarine
100 g fein gesiebter Puderzucker
3 EL kochend heißes Wasser

- Das Mehl mit dem Salz, Backpulver und Kakaopulver vermischen.
- Die Banane schälen, mit einer Gabel zermusen und mit dem Zucker ein wenig schaumig rühren.
- Die Bananen-Zucker-Creme und das Öl zum Mehlgemisch geben und gut verrühren.
- Die Mandelmilch hinzufügen und alles zu einem glatten Teig verrühren.
- Die Schokolade im Wasserbad schmelzen und mit dem Essig unter den Teig ziehen.
- Den Teig in eine gut eingeölte Springform (26 cm Durchmesser) geben und glatt streichen. Die Schokoladentorte im Backofen bei 180 °C 22 – 25 Minuten backen. Danach abkühlen lassen.
- Für den Schokoladenguss die Schokolade mit der Margarine im Wasserbad zum Schmelzen bringen.
- Den Puderzucker und das Wasser hinzufügen und den Guss glatt rühren.
- Die abgekühlte Torte mit dem Guss bestreichen. Den Guss vor dem Anschneiden der Torte fest werden lassen.

☐ Ein Stück von der leckeren, aber auch gehaltvollen Schokoladentorte wird nicht nur in der Provence, sondern in ganz Frankreich gern zum Dessert gereicht. Die Torte wird etwas weniger üppig, wenn Sie auf den Guss verzichten und die Torte nach dem Abkühlen mit 3 – 4 EL fein gesiebtem Puderzucker bestreuen.

Weihnachten in der Provence – 7 Gänge und 13 Desserts

Zu Weihnachten hat sich in der Provence eine ganz besondere Tradition erhalten. Dort bleibt man am 24. Dezember, dem Heiligen Abend, lange auf, um mit der Familie die Mitternachtsmesse zu besuchen. Vorher stärkt man sich mit dem *Gros souper,* einem aus sieben Gängen bestehenden festlichen Menü, das die sieben Sakramente symbolisiert. Den Anfang des Menüs macht die Knoblauchsuppe *l'Aigo boulido* (das Rezept dazu finden Sie auf Seite 66), dann folgen Fisch- und Gemüsegerichte. Weil an diesem Abend kein Fleisch auf den Tisch kommt, wird diese Mahlzeit *Repas maigre,* magere Mahlzeit, genannt. Nach diesen sieben Gängen schmückt man den Tisch mit 13 verschiedenen Nachspeisen, die auf das letzte Abendmahl Jesu Christi mit seinen zwölf Aposteln hinweisen sollen. Bei der Zusammenstellung der Desserts gibt es von Region zu Region oder auch von Familie zu Familie kleine Unterschiede. Feste Bestandteile sind allerdings getrocknete Feigen, Rosinen, Mandeln, Haselnüsse oder Walnüsse, weißer und dunkler Nougat (die das Gute und das Böse symbolisieren) und die *Pompe à l'huile,* ein Weihnachtskuchen mit Olivenöl und Orangenblütenwasser (siehe Seite 151). Hinzukommen können noch kandierte und frische Früchte (Äpfel, Birnen, Pflaumen), Quittenpaste, *Calisson d'Aix* (ein Konfekt aus Mandeln, kandierten Melonen und Orangen) und *Oreillettes,* frittierte Teigblätter (das Rezept dazu finden Sie auf Seite 146). Dazu wird *Vin cuit,* ein bernsteinfarbener Dessertwein, serviert.

Aprikosenpäckchen
Petits feuilletés aux abricots

175 g getrocknete Aprikosen
150 ml frisch gepresster Orangensaft
frisch gepresster Saft einer halben Zitrone
3 – 4 MSP abgeriebene Orangenschale
4 EL Roh-Rohrzucker
1 Scheibe frischer Blätterteig (etwa 280 g),
*   ersatzweise tiefgekühlter und aufgetauter Blätterteig*
eventuell etwas Weizenmehl (Type 1050) für die Arbeitsfläche
4 EL mittelfein gehackte Pinienkerne
knapp 1 EL Mandelmilch zum Bestreichen (siehe Seite 39)
3 – 4 TL Roh-Rohrzucker zum Überstreuen

- Die Aprikosen kurz mit heißem Wasser abspülen, abtropfen lassen und sehr fein hacken (im Universalzerkleinerer oder Mixbehälter der Küchenmaschine).
- Die Aprikosen mit dem Orangen- und Zitronensaft, der Orangenschale und dem Zucker in einen Topf geben und unter Rühren kurz zum Kochen bringen. Die Temperatur deutlich reduzieren und die Aprikosenzubereitung unter gelegentlichem Rühren gut 5 Minuten köcheln lassen, bis die Aprikosen weich sind. Vor der Weiterverwendung abkühlen lassen.
- Den Blätterteig auf einem Stück Backpapier oder auf der leicht bemehlten Arbeitsfläche zu einem großen Rechteck ausbreiten. (Den tiefgekühlten und aufgetauten Blätterteig zu einem Rechteck ausrollen.)
- Das Rechteck in 8 kleinere Rechtecke schneiden.
- Die Aprikosenzubereitung jeweils mittig auf den Rechtecken verteilen und glatt streichen. Die Pinienkerne darübergeben. Die langen Seiten der Blätterteigrechtecke jeweils zur Mitte hin übereinanderschlagen und die Nahtstellen sowie die beiden kurzen Seiten jeweils gut zusammendrücken, sodass kleine, längliche Päckchen entstehen.
- Die Päckchen mit den Nahtstellen nach unten auf ein mit Backpapier ausgelegtes Backblech legen. Mit der Mandelmilch bestreichen.
- Jedes Aprikosenpäckchen dreimal schräg einschneiden und mit etwas Zucker überstreuen.
- Die Aprikosenpäckchen im Backofen bei 180 °C etwa 25 Minuten backen, bis sie leicht gebräunt sind.

Weihnachtskuchen mit Orangenblütenwasser
Pompe à l'huile

300 g Weizenmehl (Type 1050)
80 g fein gesiebter Puderzucker
2 TL Trockenhefe
1 MSP feines Meersalz
3 EL Orangenblütenwasser
4 EL mildes Olivenöl
etwa 100 ml lauwarmes Wasser
1 EL Weizenmehl (Type 1050) zum Bestäuben

- Das Mehl mit dem Zucker, der Hefe und dem Salz verrühren.
- Das Orangenblütenwasser und 3 EL Öl unterrühren. Das Wasser in kleinen Portionen unterkneten. So lange kneten, bis ein glatter und geschmeidiger Teig entstanden ist, der nicht mehr am Schüsselboden oder Schüsselrand klebt.
- Den Teig zur Kugel formen, mit dem Mehl überstäuben und abgedeckt an einem warmen Ort 2 ½ – 3 Stunden gehen lassen.
- Den Teig auf ein mit Backpapier ausgelegtes Backblech geben und mit den Handflächen zu einem etwa 2 cm dicken Oval formen. Den Teig in der Mitte zweimal parallel und auf der rechten und linken Seite jeweils dreimal schräg einschneiden. Die Einschnitte ein wenig mit den Fingern verbreitern.
- Den Teig nochmals etwa 30 Minuten gehen lassen. Dann mit 1 EL Olivenöl bestreichen und im Backofen bei 180 °C 30 – 35 Minuten backen.

Die Autorin

Heike Kügler-Anger arbeitete lange als Eng-
lischdozentin in der Erwachsenenbildung.
2006 tauschte sie die Lehrbücher gegen den
Kochlöffel ein. Seitdem hat sie zahlreiche
Kochbücher zur vegetarischen und veganen
Küche veröffentlicht. Sie gibt Kochkurse und
schreibt redaktionelle Texte zu den Themen
Kochen, Ernährung und Gesundheit. Darüber hinaus ist sie in der Produktentwicklung
eines veganen Lebensmittelherstellers tätig.

Ihr Lebensmittelpunkt ist seit gut zehn
Jahren der Odenwald, wo sie mit ihrem besten Testesser (ihrem Ehemann)
sowie mit mehreren Hunden und Katern in einem kleinen Dorf heimisch geworden ist. Seitdem Heike Kügler-Anger als junge Studentin einen Urlaub in
Frankreich verbrachte, kann sie von Land und Leuten und natürlich von der
ausgezeichneten französischen Küche nicht genug bekommen. Besonders in
die Provence zieht es sie immer wieder gern, wo sie vielfältige kulinarische
Anregungen und Originalrezepte sammelt.

Von Heike Kügler-Anger sind im pala-verlag bereits erschienen:
- Vegetarisch kochen – französisch
- Milchfrei und schnell gekocht
- Käse veganese
- Cucina vegana
- Vegetarisches fürs Fest
- Vegan unterwegs
- Frisch aufgegabelt – Nudeln vegan
- Vegetarisches aus der Klosterküche
- Veganes fürs Fest
- Vegan grillen

Rezeptindex

Wir engagieren uns noch stärker für den Klimaschutz!

Seit mehr als 15 Jahren drucken wir unsere Bücher weitestgehend auf Recyclingpapier und versuchen damit, eine ressourcenschonende und umweltfreundliche Buchproduktion zu ermöglichen.

In den letzten Jahren ist der Klimawandel mit seinen weitreichenden Folgen für uns und vor allem unsere nachfolgenden Generationen immer mehr zum Thema geworden. Die Auswirkungen sind bereits jetzt spürbar – Wetterextreme, sich verschiebende Jahreszeiten, Erderwärmung. Auch wenn diese Entwicklungen nicht mehr völlig aufzuhalten sind, müssen wir – auch als Verlag – aktiv werden.

Die *freiburger graphische betriebe,* die Druckerei, die unsere Bücher produziert, beteiligen sich an der Klimainitiative der Druck- und Medienverbände Deutschland und bieten die Möglichkeit, Buchproduktionen klimaneutral herstellen zu lassen. »Klimaneutral« bedeutet den Ausgleich von Treibhausgasen bzw. die Neutralisation durch die Einsparung einer bestimmten CO_2-Menge an anderer Stelle. Da die Wirkungen des Treibhauseffektes global schädigen, ist es irrelevant, an welchem Ort der Welt Emissionen entstehen und wo sie dann letztendlich eingespart werden. Der gesamte Prozess des Ausgleiches von Treibhausgasen basiert auf dem Kyoto-Protokoll von 1997.

Wir haben nun die Möglichkeit, für jedes Druckprodukt den genauen Wert des CO_2-Ausstoßes, der auf den Produktionsprozess in der Druckerei und deren Materialeinsatz zurückzuführen ist, zu ermitteln. Mit Hilfe eines vom Bundesverband der deutschen Druckindustrie entwickelten Rechners, mit dem viele Faktoren erfasst werden – Energieverbrauch, Farbe, Papier, Transportwege oder Einsatz von Personal – wird am Ende der Buchproduktion ein Wert ermittelt, der die relevante Wertschöpfungskette für die technische Herstellung des Buchs umfasst und den durch die Produktion verursachten CO_2-Ausstoß nachweist.

Für diesen Wert bezahlen wir als Verlag einen Ausgleich, der dann in anerkannte und zertifizierte Klimaschutzprojekte fließt. Die Zertifizierung erfolgt durch die Organisation firstclimate (www.firstclimate.com) und wird durch das Logo »Print CO_2 kompensiert« angezeigt.

Die aus dem Druck dieses Buchs resultierende Klimaabgabe fließt in ein Windparkprojekt in der Marmara-Region in der Türkei. Das Gebiet liegt in der Marmara-Region an einem Höhenrücken etwa 350 m über Meereshöhe, nahe der Dörfer Elbasan und Çatalca unweit Istanbuls. Im Rahmen des Projekts werden 20 Windenergieanlagen mit einer Nennleistung von je 3 MW errichtet.

Weitere Bücher von Heike Kügler-Anger

Heike Kügler-Anger:
Cucina vegana
ISBN: 978-3-89566-247-8

Heike Kügler-Anger:
Vegan grillen
ISBN: 978-3-89566-302-4

Heike Kügler-Anger:
Vegetarisches aus der Klosterküche
ISBN: 978-3-89566-286-7

Heike Kügler-Anger:
Vegan unterwegs
ISBN: 978-3-89566-264-5

Vegan genießen

Heike Kügler-Anger:
Frisch aufgegabelt – Nudeln vegan
ISBN: 978-3-89566-281-2

Ingrid und Alexander Neukert:
Einfach mal vegan
ISBN: 978-3-89566-305-5

Alexander Nabben:
Tofu vegan
ISBN: 978-3-89566-283-6

Angelika Eckstein:
Vegan backen
ISBN: 978-3-89566-239-3

Köstlichkeiten aus aller Welt

Petra Skibbe und Joachim Skibbe:
Toscana vegetariana
ISBN: 978-3-89566-278-2

Abla Maalouf-Tamer:
**Vegane Köstlichkeiten –
libanesisch**
ISBN: 978-3-89566-284-3

Katrin Eppler:
Vegetarisch kochen – türkisch
ISBN: 978-3-89566-271-3

Irmela Erckenbrecht:
American Veggie
ISBN: 978-3-89566-297-3

Gesamtverzeichnis bei:
pala-verlag, Rheinstraße 35, 64283 Darmstadt, www.pala-verlag.de

ISBN: 978-3-89566-306-2
© 2012: pala-verlag
Rheinstraße 35, 64283 Darmstadt
www.pala-verlag.de

Alle Rechte vorbehalten.

Umschlag- und Innenillustrationen: Margret Schneevoigt

Lektorat: Barbara Reis / Angelika Eckstein

Druck und Bindung: fgb • freiburger graphische betriebe
www.fgb.de
Printed in Germany

Dieses Buch ist auf Papier aus 100 %
Recyclingmaterial gedruckt und
klimaneutral produziert.